图书在版编目（CIP）数据

写给孩子的中国传统节日 / 佘志超著 . -- 北京：北京联合出版公司 , 2021.9（2021.10 重印）

ISBN 978-7-5596-5457-1

Ⅰ . ①写… Ⅱ . ①佘… Ⅲ . ①节日 – 风俗习惯 – 中国 – 儿童读物 Ⅳ . ① K892.1–49

中国版本图书馆 CIP 数据核字（2021）第 146214 号

写给孩子的中国传统节日

著　　者：佘志超
出 品 人：赵红仕
责任编辑：管　文
封面设计：韩　立
内文排版：吴秀侠
插图绘制：傅　晓

北京联合出版公司出版
（北京市西城区德外大街 83 号楼 9 层　100088）
三河市嘉科万达彩色印刷有限公司印刷　新华书店经销
字数 192 千字　720 毫米 ×1020 毫米　1/16　14 印张
2021 年 9 月第 1 版　2021 年 10 月第 2 次印刷
ISBN 978-7-5596-5457-1
定价：55.00 元

版权所有，侵权必究
未经许可，不得以任何方式复制或抄袭本书部分或全部内容
本书若有质量问题，请与本公司图书销售中心联系调换。电话：（010）58815874

前言

关于传统节日,除了春节、元宵等几个大节,其他的,我们这些现代人似乎已经淡忘很久了,一些人更是热衷于西方的情人节、狂欢节、圣诞节,等等。这种不同文化的交融虽然不是坏事,但我们对于根于本土文化的传统节日究竟了解多少,我们是否能够继承祖先创造的精神文化遗产,这是值得忧虑的。

好在,这些忧虑看来是杞人忧天。近年来,传统节日作为中华民族的精神文化传承,似乎又像割不断的血脉,不知不觉地呈现于国人的生活中。

不仅有民俗学者在呼吁,应该恢复一些传统节日的习俗,甚至国家已经立法,给予一些有文化含量的传统节日以法定地位。由此可见,把那些具有深厚文化内涵的传统节日继承下来,让现代人尽可能地了解中国传统节日文化,有着重要的文化传承意义,这是出版本书的缘起。

除夕为什么要守岁?二月二为什么要剪头发?清明节为

什么要扫墓祭祖？端午节为什么要吃粽子、赛龙舟？……中国的传统节日有着几千年的文化积淀，记录了我们祖先生活的习俗，而神话故事又为传统节日增添了浪漫色彩，这些都是不可复制的精神文化遗产。

这是一本原创民俗类图画书，将传统节日、文学、绘画三者结合，讲述了传统节日的来历、民间习俗以及与之相关的古诗谚语等，让孩子能够自己解答各种关于节日的问题，轻松有趣地吸收传统文化知识。

每一个传统节日故事，都是一次与历史的相遇，都是一次想象力的丰富和艺术的熏陶。让孩子了解传统节日，寻文化根脉，知节日礼仪，真正领会中华民族的文化传承，培养孩子对中国传统文化的热爱之情。

目录

春节：总把新桃换旧符 /1

元宵节：一夜鱼龙舞 /19

清明节：牧童遥指杏花村 /39

端午节：蒲酒花升平 /57

中秋节：千里共婵娟 /71

重阳节：遥知兄弟登高处 /87

人日节：人归落雁后 /101

立春节：春蒿黄韭试春盘 /107

中和节：东风变梅柳 /117

花朝节：纷纷蝴蝶斗芳菲 /125

上巳节：倾都祓禊晨 /131

社日节：扶得醉人归 /139

天贶节：家家晒龙袍 /147

夏至节：一阴已复生 /153

七夕节：小妇拜天孙 /161

中元节：小儿竞把青荷叶 /169

十月朝节：十月一，送寒衣 /179

下元节：飞绕人间不夜城 /187

冬至节：阳生春又来 /193

腊日节：今朝佛粥更相馈 /201

灶王节：灶君朝天欲言事 /207

春节

总把新桃换旧符

爆竹声中一岁除,
春风送暖入屠苏。
千门万户曈曈日,
总把新桃换旧符。

这是宋朝诗人王安石写的《元日》诗。元日即元旦,古代的元旦就是现在的春节。宋朝人的春节一定要喝屠苏酒,因为这种酒不但可以驱疫,还可以延年益寿;另外,还要在大门的两旁挂上新桃符,以驱鬼辟邪。通过王安石这首诗,我们可以想象出古人过年时的情景:鞭炮一声声响得紧,家家户户的大人忙着在门上挂桃符,桃符上写着门神郁垒、神荼的名字;老人畅饮着屠苏酒,你敬我还,醺醺小醉,好一派祥和安宁的景象。

春节溯源

过年的"年"字,其最初含义是谷物的生长周期。《说文解字》解释说:"年,谷熟也。"《穀梁传·宣公十六年》也说:"五谷大熟,为大有年。"古人称谷子的一熟为一年,"有年"是指收成好。后来,随着古人对岁时节候周期的把握,逐渐把春夏秋冬四季转换的周期称为一年。这一年中,共有十二个月。也就是以月亮由朔(月全黑,即农历初一)到望(月满圆,即农历十五)、再由望到朔为一周期计算,一年之中共有十二个周期,也就是十二个月。

正月的朔日从子夜起,称为"岁首",也就是一年的开始。根据成书于西汉的《尔雅·释天》的说法:"夏曰岁,商曰祀,周曰年。"从周朝开始,这个岁首就称为"年"。实际上,各个朝代过年的具体时间不同:夏朝以正月初一为"年",商朝以十二月初一为"年",周朝以十一月初一为"年",秦朝则以十月初一为"年"。西汉太初元年(公元前104年),汉武帝根据司马迁的建议,恢复了"夏历"(现在的农历),以正月初一为岁首,这一规定延续了两千多年,一直到现在,还是重要的民俗节日。

古代称正月初一为"元日",并不叫"春节"。隋代的杜台卿在《玉烛宝典》中说:"正月为端月,其一日为元日,亦云正朝,亦云元朔。""元"字的本意为人的头,后引申为开始,因为这一天是一年中的头一天、春季的头一天、正月的头一天,所以称为"元日";又因为它是第一个朔日,所以又称"元朔"。元旦的说法,可见宋代吴自牧的《梦粱录》:"正月朔日,谓之元旦。"《说文解字》解释"旦"字:"从日见一上,一,地也。"元旦的说法,主要取岁首的第一个早晨之意,太阳刚刚从地平线上升起,十分形象,也寓有欣欣向荣之意。除此以外,春节还被称为开年、开岁、芳岁、华岁等。

把过年正式称为春节，则是近代形成的。1911年辛亥革命后，清朝被推翻，各省都督府代表在南京开会，决定采用公历，同时也兼顾民间习惯的农历，以"行夏历，以顺农时；从西历，所以便统计"为原则，这样就把农历正月初一定为"春节"。1949年9月27日，中国人民政治协商会议第一届全体会议上，正式规定公历的1月1日为元旦，农历的正月初一仍为春节。

关于春节的来源，民间流传着一个有趣的故事：传说很久很久以前，山林中有一种凶猛的怪兽，形貌狰狞，生性凶残，不但吃各类飞禽走兽，而且经常吃人。人们称之为"年"，且谈"年"色变。"年"每年除夕都会跑到村庄里吃人，天黑就来，鸡鸣破晓就走。于是，人们就把这可怕的一夜称作"年关"，并且想办法熬过"年关"。每到这一天晚上，家家户户提前做好晚饭，熄火净灶，把鸡圈牛栏全部拴牢，把宅院的大门封住，躲在屋里吃"年夜饭"。"年"来之后，只见家家户户宅门紧闭，街上瞧不见一个人影儿。它转来转去，毫无所获，公鸡啼晓后，"年"只得怏怏回到山林去了。

熬过了"年关"，人们奔走相告，欣喜不已，自然要感谢天地祖宗的护佑，还要打开大门燃放鞭炮，邻里亲友互相祝贺，见面道喜……后来，人们又知道年兽怕红、怕光、怕响声，于是每至年末岁首，家家户户就贴红纸、穿红袍、挂红灯、敲锣打鼓、燃放爆竹，这样年兽就不敢再来了。

《诗经·小雅·庭燎》中说："夜如何其？夜未央！庭燎之光。君子至止，鸾声将将。"所谓庭燎就是用竹竿之类制作的火炬。竹竿燃烧，竹节里的空气膨胀，竹腔爆裂，发出"噼噼啪啪"的响声，可称为"爆竹"的雏形。

贴春联

在古代，上至皇帝、文人士大夫，下至平民百姓，对春联都十分重视，春联文化亦俗亦雅，十分难得。春联也叫门对、春贴、对联，它以工整、对仗、形象、寓意丰富的文字，描绘了年景或年成，表达了对新年的憧憬与向往。每逢春节，无论城市还是农村，家家户户都要精选一副大红春联贴于门上，为节日增加喜庆的气氛。

春联最早起源于民间挂桃符的习俗。早在秦汉以前，民间每逢过年，都要在大门左右悬挂桃符。桃符就是用桃木做的两块大板，上面写着门神"神荼"和"郁垒"，目的是驱邪镇鬼。这种习俗延续了一千多年。到了五代，人们才开始在桃木板上写联语。据《宋史·蜀世家》记载："孟昶（后蜀国君，919—965）命学士为题桃符，以其非工，自命笔题云：新年纳余庆，嘉节号长春。"这是我国最早的一副春联。清代的《燕京岁时记》对春联做了注释："春联者，即桃符也。自入腊以后，即有文人墨客，在市肆檐下书写春联，以图润笔。祭灶之后，则渐次粘挂，千门万户，焕然一新。"

春节贴春联盛行于宋朝，且已成为民间习俗。但将"桃符"称为"春联"，则是明朝初年，"春联之设，自明太祖始"。（《簪云楼杂话》）到了清代，春联的思想性和艺术性都有了很大的提高，梁章钜编写的《楹联丛话》对楹联的起源及各类作品的特色都一一做了介绍。春联在当时已成为一种文学艺术形式。

春联的种类比较多，按照使用场所的不同，可分为门心、框对、横批、春条、斗方等。门心贴于门板上端中心部位；框对贴于左右两个门框上；横批贴于门楣上；春条根据不同的内容，贴于相应的地方；斗方也叫门叶，为正方菱形，多贴在家具、影壁中。

春联是一种特殊形式的诗,字数一般在三字以上,有的长联多达几百字。上下两联字数必须相等,且文句结构要相同,词性要相当,平仄要相谐。两联的内容则要意义相近、相关或相反,不仅要描绘形象,且以有寓意有意境为上。

清代文人何淡如(1820—1913)为佛山"春色赛会"写了一副春联:

新相识,旧相识,春宵有约期方值,试问今夕何夕,一样月色灯色,该寻觅。

这边游,那边游,风景如斯乐未休,况是前头后头,几度茶楼酒楼,尽勾留。

此联重在描写民间欢度春节、元宵节的欢乐气氛,灯月交辉、游人如织的场面都描绘得生动形象,特别是用韵后加强了欢快浪漫的气氛。

◆挂年画、贴剪纸◆

最早的年画是门神画。民间传说神荼、郁垒是兄弟,有驱鬼之威力,人们把兄弟俩的像挂在门上,以求除祸消灾。到了唐代,人们将门神改为武将秦叔宝和尉迟敬德。《三教搜神大全》载:"户神,唐秦叔宝、尉迟敬

德二将军也。"据说:"唐太宗不豫,寝门外鬼魅呼号,太宗以告群臣。秦叔宝奏曰:'愿同尉迟敬德戎装立门外以伺。'太宗可其奏,夜果无事。固命画工绘二人之像于门,邪祟以息。后世沿袭,遂永为门神。"后世还有以钟馗为门神贴像于门上的做法,这与民间流传的"钟馗打鬼"的故事有关。

到了宋代,门神画逐步演变成了木版年画(分为着色、套色两种),现存最早的年画为宋版的《随朝窈窕呈倾国之芳容》,画着王昭君、赵飞燕、班姬、绿珠四位汉代和南北朝的美人，俗称《四美图》。此外还有画着关公、张飞、赵云、马超、黄忠的《五虎将图》。

明清两代，画家们都热衷于年画创作，年画行业有了很大发展。这一时期的年画，有着浓郁的民俗特色，按照题材来分，有喜庆类、驱邪类、习俗风景类、门画类、故事戏文类、仕女游春类、花鸟虫鱼类等。特别是那些表现戏曲杂剧和绣像小说中的人物及故事的年画，既富有情节又有着深厚的文学内涵，引人入胜，使年画具备了更多的审美功能。

明末清初时，出现了三大民间木刻年画：天津的杨柳青、苏州的桃花坞和山东潍县的杨家埠。天津杨柳青年画始于明代崇祯年间，到清代雍正、乾隆、光绪时期风行全国。年画内容多取材于传统戏曲以及一些民俗题材，如美女、胖娃娃、动物等。在艺术风格上，杨柳青年画构图丰满，线条工整，色彩鲜艳。在人物的头部、脸部等重要部位，多以金色晕染，自成一格。

苏州桃花坞年画始于明代，鼎盛于清朝雍正、乾隆年间。桃花坞年画多为文人创作，主要有门画、中画和屏条等形式，其中门画可谓集历代门神之大全。桃花坞年画多用一版一色的木版套印方法印刷出来，工艺精良，一幅画要套印四五次至十几次，有的还要经过"描金""扫银""敷粉"等工序。在色彩上，有桃红、大红、蓝、紫、绿、淡墨、柠檬黄等诸色；在艺术风格上，桃花坞年画构图丰富，色调艳丽，装饰性强，富有浓郁的生活气息。

山东潍坊杨家埠年画盛于清代，流行于黄河下游地区。其风格重用原色，想象力丰富，线条粗犷而色彩鲜明。

剪纸也是具有浓郁地域色彩的艺术，主要流行于北方的广大农村。剪纸因为大多是贴在窗上，所以又叫"窗花"。剪纸的出现与织绣有很大的关系，因为在绣花时，一般要先剪成纸样。唐宋以后，民间有剪纸迎春的习俗，唐代诗人李商隐有诗曰："缕金作胜传荆俗，翦彩为人起晋风。"其中的"荆俗""晋风"，就是指这种习俗。

剪纸的内容十分广泛，有人物、花鸟、虫鱼、兽类、戏曲故事等。具体说，有岳飞、花木兰、王昭君、蔡文姬、关羽等历史人物；有"丹凤朝阳""孔雀开屏""鲤鱼跳龙门""狮子滚绣球"等民俗动物题材；有《空城计》《武松打虎》《西厢记》《八仙过海》等戏曲故事。那些吉祥的动物，如鸡、牛、羊、虎、狮、龙、凤、麒麟等，还有各种花卉，如牡丹、芍药、梅花、玉兰、月季、水仙、佛手、菊花等都是创作时经常使用的题材。

放鞭炮

《红楼梦》第二十二回中，贾宝玉作了一首灯谜："能使妖魔胆尽摧，身如束帛气如雷；一声震得人方恐，回首相看已化灰。"此谜十分浅显，谜底就是爆竹。

中国民间有"开门爆竹"一说，即在新的一年到来之际，家家户户开门的第一件事就是燃放爆竹，在"噼噼啪啪"的爆竹声中辞旧迎新。这种习俗在中国已有两千多年的历史。《通俗篇·俳优》载："古时爆竹，皆以真竹着火爆之，故唐人诗亦称爆竿。后人卷纸为之，称曰爆竹。"可见，爆竹虽是纸卷成，却源于真竹。

放爆竹的目的是什么？《荆楚岁时记》载："正月一日，是三元之日也。《春秋》谓之端月。秋鸡鸣而起，先于庭前爆竹，以辟山臊恶鬼。"汉代东方朔撰的《神异经》则记载了这样一个故事："西方山中有人焉，其长尺余、一足，性不畏人；犯之令人寒热，名曰山臊。以竹着火中，烨有声，而山臊惊惮。后人遂象其形，以火药为之。"由此可见，古人燃放爆竹在当时是为了驱鬼辟邪。

到了唐初，据传有一年瘟疫四起，一个叫李田的人，把硝石装在竹筒里，点燃后使其爆炸，发出巨大的响声并产生了浓烈的烟雾，结果驱散了山岚瘴气，制止了疫病流行。这可能是装硝爆竹的最早雏形。北宋时，火药出现了，人们将硝石、硫黄和木炭等填充在竹筒内，制成了"爆仗"。后来，民间开始普遍使用纸筒和麻茎裹火药编成串做成"编炮"（鞭炮）。《东京梦华录》中就有宋代开封府街头出售鞭炮的记载，还有专门生产爆竹的作坊。南宋时，人们又在鞭炮的基础上制成了烟花，用火药把烟花发射到天空中爆炸，能让更多的人欣赏到烟花绚烂而又变幻无穷的图案和色彩。

古代的爆竹种类很多，据《金瓶梅词话》记载，有紫葡萄、霸王鞭、地老鼠、一丈菊、火梨花等数十种。清代潘荣陛的《帝京岁时纪胜》中说："烟火、花炮之制，京师极尽工巧。……其爆竹有双响震天雷、升高三级浪等名色。……勋戚富有之家，于元夕集百巧为一架，……通宵为乐。"

近代以后，虽然西方文明对中国影响巨大，但春节燃放爆竹烟花的习俗在民间依然兴盛，过年如果不放鞭炮，似乎就没有了气氛。近年来，许多城市由禁放烟花爆竹到有限制地允许燃放烟花爆竹，更证明了春节放爆竹这个习俗巨大的生命力。

湖南浏阳、广东佛山、江西宜春以及浙江温州等地，都是中国著名的"花炮之乡"，生产的爆竹不但畅销全国，还远销到世界其他国家和地区。

吃年夜饭

年夜饭是中国人一年当中最重要的一顿饭。古代吃年夜饭又称围炉，起源于古人围着炉子吃饭的习俗。吃年夜饭是家家户户最热闹愉快的时候。大年夜，丰盛的菜肴摆满一桌，大人小孩围坐桌旁，共吃团圆饭，那种合家团聚的心情真是难以言说，人们既享受满桌的佳肴盛馔，也享受那种快乐而热闹的气氛。

各地的年夜饭风格不尽相同。不管各地的风格如何，一般都少不了两样东西：一是火锅，一是鱼。南方的火锅不是北方涮肉的吃法，而是沸煮杂烩，将肉丸子、蛋卷、冬笋、木耳、黄花菜、鸡蛋等一块沸煮，热气腾腾，有红红火火之意。至于吃鱼，则是取"余"的谐音，以象征"吉庆有余""年年有余"。

广东一带很在意菜的谐音，取谐音以喻吉祥的菜有：长年菜（芥菜），长寿年年久；菜头，表示好彩头；全鸡（广东话与家谐音），象征全家福；蚶（广东话与胖谐音），取其发福之意；吃鱼丸、虾丸、肉丸，意指三元及第（状元、会元、解元）；饺子形似元宝，有招财进宝之意；吃芹菜，一年皆勤；食豆腐干，会升官。

北方人过年习惯吃饺子,是取新旧交替"更岁交子"的意思。又因为白面饺子形状像银元宝,一盘盘端上桌有"新年大发财,元宝滚进来"之意。包饺子时,还会把几枚硬币包进去,如果谁先吃着了,据说来年就能多挣钱。吃饺子的习俗,最早见南北朝颜之推《颜氏家训》的记载:"今之馄饨,形如偃月,天下通食也。"古代称饺子为馄饨。《东京梦华录》记载:"凡御宴至第三盏,方有下酒肉、咸豉、爆肉、双下驼峰角子。"其中的角子就是饺子。

古代的年夜饭还要喝屠苏酒。据说屠苏酒是汉末名医华佗创制而成的,其配方为大黄、白术、桂枝、防风、花椒、乌头、附子等中药入酒中浸制而成。这种酒具有益气温阳、祛风散寒、避除疫疠之邪的功效。唐代药王孙思邈每年腊月总是要分送给众邻乡亲一包药,告诉大家以药泡酒,除夕进饮,可以预防瘟疫。孙思邈还将自己的屋子起名为"屠苏屋"。历代相传,饮屠苏酒便成为过年的风俗之一。

古时饮屠苏酒,方法很别致。一般人们饮酒,总是从年长者饮起,饮屠苏酒却恰好相反,合家欢聚饮屠苏酒时,先从最年少的小儿开始,年纪较长的在后,每人饮少许。北宋文学家苏辙的《除日》诗道:"年年最后饮屠苏,不觉年来七十余。"说的就是这种风俗。有人不明白这种习惯的意义,董勋解释说:"世俗以少者为得岁,故贺之;老者失岁,故罚之。"直至清代,这一习俗仍不衰。今天,人们虽已不再隆重举行这一仪式,但在节日或平时饮用药酒的习俗仍然流传了下来。

· 守岁 ·

年三十晚上称为除夕,是旧岁至此而除、新岁即将来临之意。古人把新旧年之交看成是天地阴阳变化之机,这一夜一家人要守着,等待着它的到来,不要错过了重大时机。守岁之风俗早在晋代就十分盛行。西晋周处的《风土记》载:"终夜不眠,以待天明,称曰守岁。"守岁时所点的蜡烛,叫"守岁烛"。唐宋以后,守岁风行。杜甫诗曰:"守岁阿戎家,椒盘已颂花。盍簪喧枥马,列炬散林鸦。四十明朝过,飞腾暮景斜。谁能更拘束,烂醉是生涯。"说的是此岁一过,转眼就四十岁了,暮年光景,还是喝得烂醉过日子吧。《东京梦华录》第十卷载:"是夜禁中爆竹山呼,声闻于外。士庶之家,围炉团坐,达旦不寐,谓之守岁。"

从这些记载可以看出,古人守岁时,大体是一家人围坐在火炉旁,饮着花椒酒或屠苏酒,吃着五辛盘。根据周处的记载,五辛盘又称春盘,是大蒜、小蒜、韭菜、云苔、胡荽拼成的拼盘,其功能为散发五脏之气,有益于身体健康。此外,吃年糕也是守岁时的重要内容。年糕不仅好吃,而且有"年年高"的寓意,是深受大人小孩欢迎的食品。在中国,年糕的制作南北方有所差异。江南一带讲究水磨年糕,细滑糯甜,十分有名。北方则吃白糕或黄米糕,西南地区多吃糯米做成的糍粑。

守岁时,年轻人和小孩还会玩各种游戏,如投壶、藏钩、弈棋等。大人则习惯于围坐在火炉旁,聊着一年中发生的各类事情,实际上也有着总结年成、盘算今后的意思。在南方的农村,人们主要是围坐火塘边,也有烧大树根的,火烧旺了,烤得身上暖烘烘的,大家围坐的兴致就更高。文人士大夫往往还触景生情,写诗以记。唐代诗人孟浩然诗曰:"续明催画烛,守岁接长筵。"

守岁到晚上十一点时,俗称"亥时交子",这也是到了诸神下界的时候了,这时要举行接神仪式。接神时,先摆好天地桌,供上供品,焚香,由家中的长者主持仪式。因为诸神所居的天界方位不同,下界时来的方向自然也不同,至于接何神、神从何方来,都要预先查好《宪书》,然后带领全家举香在院中按方位接神。如辛未年(1931年)的《全序民国时宪书》上指示:"财神正东、福神正南、贵神东北、喜神西南、太岁神西南。"

倒贴"福"字的传说

古代"贴春牌"即是将"福"字写在红纸上贴于门上，民间则有倒贴"福"字的习俗，意为春节福到。据说有一年，明太祖朱元璋准备用"福"字作暗记杀人。马皇后知道后，为消除这场灾祸，令全城百姓必须在天明之前在自家门上贴上一个"福"字。于是，城内家家门上都贴了"福"字。其中有户人家不识字，竟把"福"字贴倒了。第二天，皇帝派人上街查看，发现家家都贴了"福"字，甚至还有人贴倒了，不禁大怒，立即命令御林军把那家满门抄斩。马皇后连忙对朱元璋说："那家人知道陛下今日派人来访，故意把福字贴倒了，这不是福到之意吗？"朱元璋一听有道理，便下令放人，一场大祸终于消除了。从此，人们便将"福"字倒贴起来，一求吉利，二为纪念马皇后。

按方位叩首礼毕后，肃立待香尽，再叩首，最后将香根、神像、元宝锭等取下，放入早已在院中备好的钱粮盆内焚烧。焚烧时同燃松枝、芝麻秸等。接神时鞭炮齐鸣，气氛极为热烈。

接神后，将芝麻秸从街门内铺到屋门，人在上面行走，噼啪作响，称为"踩岁"，亦叫"踩祟"，其意重在驱邪。接神后，全家人还要给祖宗牌位叩头拜年，然后家中的小孩还要给长辈叩头，长辈照例要给晚辈们"压岁钱"。

拜年

有人认为，岁首拜年最早起源于汉代，但形成完整的习俗和礼仪，且有文字记载，大约是在唐宋以后。《东京梦华录》第六卷记载北宋时的汴京："十月一日年节，开封府放关扑三日，士庶自早相互庆贺。"南宋吴自牧《梦粱录》载："正月朔日，谓之元旦……士大夫皆交相贺，细民男女亦皆鲜衣，往来拜节。"清代柴萼的《梵天庐丛录》称："男女依次拜长辈，主者牵幼出谒戚友，或止遣子弟代贺，谓之拜年。"

古俗有拜年和贺年之分：拜年是向长辈叩头，贺年则是平辈相互道贺。拜年一般从初一开始。初一早晨，晚辈起床后，要先向长辈拜年，祝福长辈健康长寿。长辈受拜以后，要将事先准备好的"压岁钱"发给晚辈。家中拜完年以后，人们外出相遇时也要笑容满面地恭贺新年，互道"恭喜发财""新年快乐"等吉祥话语，左右邻居或亲戚朋友亦相互登门拜年或相邀饮酒娱乐。

由于拜年的对象太多，宋代时，上层士大夫开始流行投递名帖互相道贺。宋人周煇在《清波杂志》中说："宋元祐年间，新年贺节，往往使用佣仆持名刺代往。"当时的名帖，是一种用梅花笺纸裁成的约二寸宽、三寸长的卡片，上面写着自己的姓名和地址，还写着贺年的佳言。明代时，投递贺年帖之风更甚。明朝大画家文徵明的《拜年》诗云："不求见面惟通谒，名纸朝来满敝庐。我亦随人投数纸，世情嫌简不嫌虚。"诗中所言的"谒"即是贺年帖。

在清代，年帖又被称为飞帖。一般各家门前贴一红纸袋，上写"接福"两字，即为盛放飞帖之用。清人《燕台月令》记载："是月也，片子飞，空车走。"说的就是飞帖之风十分盛行。有的大户人家还特设"门

簿",以登记客人的往来和飞帖。门簿的首页多虚拟"亲到者"四人：一曰寿百龄老太爷,住百岁坊巷;一曰富有余老爷,住元宝街;一曰贵无极大人,住大学士牌楼;一曰福照临老爷,住五福楼。以图吉利讨口彩。

清朝还流行"团拜",清人艺兰生在《侧帽余谭》中说："京师于岁首,例行团拜,以联年谊,以敦乡情,……每岁由值年书红订客,饮食宴会,作竟日欢。"团拜的方式是多种多样的,有的是由族长带领若干人挨家挨户拜年,有的是同一单位相邀几人去拜年,也有的是大家聚在一起相互祝贺。

现代人拜年,除了继承传统以外,还流行电话拜年、短信拜年、微信拜年等等,应该说这是时代的进步。但是,无论拜年的形式如何,其文化内涵则是一脉相承的。

逛庙会

新年逛庙会,是春节的一道亮丽风景。庙会又称庙市或节场,它的形成与佛道两教的宗教活动有着密切的联系。自东汉以后,中国的宗教主要是佛道二教,每逢佛祖和其他神灵的诞辰日,寺观一般要做法事,如圣诞庆典、坛醮斋戒、水陆道场等。周围的老百姓也纷至沓来,借此机会进香朝拜,向神灵祈求平安吉祥。

人来得多了,也就提供了交易的机会,商贩和艺人也就把庙会当成发财的极好时机。逢有较大规模的庙会,经营各种饮食小吃的、卖鞋帽布匹的、抽签算卦的、卖丸散膏丹的、打把式卖艺的、卖日用杂货的、唱大鼓拉洋片的、卖民间工艺品的等等各类生意人、手艺人、江湖人都从四面八方赶来,使庙会成为民间经济文化活动的一个大舞台。老百姓借此机会凑凑热闹,放松一下心情,更增添了节日的喜庆气氛。

敬神祈福是庙会的主要内容之一。只是到了现代，敬神的宗教色彩在逐渐淡化，祈福求愿则是永恒的主题。如北京的东岳庙庙会，每年都要举行祈福迎祥的仪式，内容有请福牌、画福布，还有挂盘香、求福祉，让祈福人把"福、禄、寿、喜、财"五福带回家，一年四季保平安。

庙会上最热闹、最抢眼的要数民俗娱乐。民俗娱乐大体上分为两类：一类是传统杂耍技艺表演，如相声、摔跤、武术、抖空竹、变戏法，还有踩高跷、扭秧歌、耍狮子、旱船、太平鼓、五虎棍等"民间花会"；一类则属于戏曲表演。一般来说，春节庙会是地方戏大显身手的时候，如山西晋祠庙会的晋剧表演、安徽东山庙会的花灯鼓表演、北京地坛庙会的京剧名角表演等。

无论你来到哪个庙会，小吃永远是最吸引人的内容之一。如北京的庙会，走到哪里都能看到一串串红得发亮的冰糖葫芦。据说，北京厂甸庙会上最大的冰糖葫芦有七八尺长，用荆条穿上山里红，上边刷上亮亮的麦芽糖，还插了一些三角形的小彩旗，十分显眼。除此以外，庙会上还有灌肠、爆肚、炒肝、门钉肉饼、茶汤、切糕、豆汁、艾窝窝、豌豆黄、栗子面窝头等北京传统小吃。北京十分有名的茶汤李、小肠陈、年糕杨、爆肚满等，在庙会上都能见到。

逛庙会的人几乎没有空着手回家的，带孩子的总是要买些风车、空竹、风筝、泥人、糖人之类的东西；老太太要买年画、剪纸；年轻人则喜欢买些中国结、绢花一类的工艺品。庙会上最有特色的商品，一是民间工艺品，二是年货，所以有些庙会就专门设立"民间手工艺品一条街"和"年货一条街"。民间工艺品有风车、空竹、风筝、泥人、糖人、干花、绢花、年画等，现场表演如捏泥人、吹糖人等更是吸引人。

元宵节

一夜鱼龙舞

火树银花合，星桥铁锁开。

暗尘随马去，明月逐人来。

游伎皆秾李，行歌尽落梅。

金吾不禁夜，玉漏莫相催。

这是唐代诗人苏味道写的一首诗，寥寥几笔，就勾勒出了元宵节的盛况。

更为精彩的是宋朝大词人辛弃疾写的一首词《青玉案·元夕》：

东风夜放花千树，更吹落、星如雨。宝马雕车香满路。凤箫声动，玉壶光转，一夜鱼龙舞。蛾儿雪柳黄金缕，笑语盈盈暗香去。众里寻他千百度。蓦然回首，那人却在，灯火阑珊处。

有景有情，有光有色，读来不禁让人拍案叫绝。在古代，元宵节的影响恐怕是仅次于正月初一的春节，但论欢庆的场面，二者却是旗鼓相当的。通过古人的诗词，我们可以想象到，正月十五那一夜，满城灯火烧，长街舞鱼龙，人人穿红挂绿，户户逛灯市、猜灯谜，还有家家吃元宵、放鞭炮等万民同乐的场面。

元宵节溯源

元宵节又称为灯节、上元节。按照《岁时杂记》的说法，道教把农历正月十五定为上元节（七月十五日为中元节，十月十五日为下元节）。道教有上、中、下三元的说法。三元又称为三官，即天官、地官、水官，并且说天官赐福，地官赦罪，水官解厄。道教认为，天官的生日是正月十五，地官的生日是七月十五，水官的生日是十月十五，设立三元节就是为纪念天、地、水三官，最重要的目的是祈福，以保四方平安。所以，每逢三元节，道观都要举行各种宗教活动，如吃三元斋、诵《三元经》等。

不过，这样的说法并不能说明元宵节的起源，因为据清人赵翼《陔馀丛考》的考证，三元节始自南北朝时的北魏，而在这以前，早在汉代，甚至在道教产生之前，正月十五就已经是一个传统节日了。

据《史记》记载，元宵节最早应起源于西汉初年。一般认为，汉文帝时将正月十五定为元宵节。汉文帝掌管朝政之前，吕后专权，重用外戚，把持朝政。直到吕后死后，周勃、陈平等人合力拥立刘恒为帝，即汉文帝，这才政治清明，国泰民安。为表示庆贺，汉文帝在正月十五这天出宫游玩，与民同乐，并且把这一天定为元宵节。后来，邓平、司马可等人所创作的《太初历》，把元宵节列为重大节日。

到汉武帝时，第一次把正月十五称为上元燃灯节。这一夜，解除宵禁，满城灯火通明，人们也通宵达旦观灯娱乐。当时，燃灯节的主要目的是祭祀太一神。汉代盛行黄老之术，崇尚道教文化。在道教文化体系中，"太"为至高无上，"一"为事物的根本和起源，太一神又称为北极星神，是道教中最尊贵的神，因此《史记·封禅书》说："天神贵者太一。"

元宵节正式成为灯节，并且以群众观灯赏灯为主要活动，大约是在唐代中期。据说唐玄宗曾接受西域高僧婆陀的请求,在先天二年(713年)正月十五夜点起千盏花灯,暂停了宵禁。此后,灯节活动便盛行起来。有趣的是,这次灯节的形成与佛教有关。原来,婆陀的建议是为了纪念佛祖释迦牟尼。佛祖涅槃后,西域各国有燃灯纪念佛祖的节日,唐玄宗接受婆陀的请求,不过是在燃灯节的形式中加入了佛教的内容,融佛道于一节,真是珠联璧合,相映生辉。

·闹花灯·

在古代的元宵节,上元灯会、闹花灯、观灯、猜灯谜是最重要的活动。唐朝《朝野佥载》记载:为了烘托元宵节的气氛,先天二年时,唐玄宗曾在长安安福门外做了二十丈高的灯轮,以华丽的绢纱丝绸和名贵的金银珠宝装饰,在周围燃起了五万盏灯,看上去好像一棵巨大的开满灯花的树。人们在其下踏歌三昼夜。欢乐之极,未始有之。

宋代的灯节比唐代更为热闹,灯节的期限也由十四、十五、十六日三天又增加了十七、十八日两天。灯的品种、花色也有所增加。其中值得称道的是用无骨琉璃和白玉制成的各种花灯,还有以机械与热力推动的、使灯中的画面旋转的走马灯,其设计之精巧,令人赞不绝口。宋代还有架鳌山灯景的活动,其规模和奢华令人惊叹。宋代周密的《乾淳岁时记》就描述了当时的景象:"山灯凡数千百种,极其新巧,怪怪奇奇,无所不有,中以五色玉栅簇成'皇帝万岁'四大字,其上伶官奏乐,称念口号致语,其下为大露台,百艺群工,竞呈奇技。"鳌山不仅架灯千百种,而且还要在上面演戏,百艺群工还要表演各种技艺,鳌山之大,可想而知。

现在,有些地区的元宵灯会还十分具有地方特色,如河北省辛集市的军齐村,就是有名的灯会村。军齐灯会由来已久,形成的具体时间已无资料可考。灯会期间，家家户户都做了各种灯笼，有的吊在院内，有的挂在门前，还有的在院内竖起高杆，悬挂着"天灯"，引得四邻八乡的人们纷纷前来观赏。当地村民扎灯技艺远近闻名，他们扎的灯笼千姿百态，综合了绘画、剪纸、编织、刺绣等工艺，材料因地制宜，利用本地所产的藤麦秆、竹子等制成。灯画的内容，有表现人物故事的，如嫦娥奔月、八仙过海、武松打虎等；有描绘飞禽走兽的，如孔雀开屏、二龙戏珠等；也有表现花果植物的，如西瓜灯、莲花灯等。

九曲黄河灯阵

每年元宵节，山西平鲁县一带都要举行九曲黄河灯阵。灯阵一般设在广阔的打谷场或河滩上。阵图很有讲究，由专人画地为图，插杆为阵。外阵为大方阵，内阵为小方阵，万字套环，阵灯横竖成行，阵内设活门八十一座、死门十九座，全阵共有三百六十一根杆，每行十九根，用绳子在杆中间连接，杆顶端悬灯。阵的进出口处扎一个柏枝牌楼，悬灯结彩，两侧柱子上张贴春联。阵中央竖一根粗而高的主杆，杆顶悬一巨型灯笼，并置有烟火。

当明月升起，吉时一到，鸣炮三声，"灯官"入场，这时场内的灯光亮了起来，锣鼓队、秧歌队披红挂绿，首先入阵，沿着方阵的外墙一圈圈地往方阵中心转。接着，各种社火队伍，以及村中男女老少，也依序入阵。人们沿着灯杆连成的纵横回旋的道路绕来绕去，有的走了半天又绕了回来，引来一阵阵欢笑。当活动进入高潮时，主杆上焰火点燃，上下鞭炮齐鸣，阵内五颜六色，变化万千，与皓月辉映。

尤其值得一提的是走马灯和绣球灯。走马灯有三层或四层，各层所糊纸上有不同的画面，如八仙过海、三英战吕布之类，灯点燃后，各层内容随着旋转而不断变化，看起来赏心悦目。绣球灯是由藤条制成的、有三层圈相套的绣球，外罩彩绸，最里一层的藤圈里安放蜡烛，里面两层能随时转动，使蜡烛重心保持不变。这样，玩灯的人可以随意用力把灯抛向空中而灯火却不会熄灭。绣球灯在人群中传来传去，上下翻飞，令人目不暇接。

在冰天雪地的东北，还有制作冰灯、冰雕的习俗。每到春节或元宵节，家家户户的院子里就摆上自己制作的各式冰灯。到了夜晚，将这些冰灯点燃，五光十色，农家小院便会增添一种温馨祥和的气氛。在哈尔滨市，每年的冰灯和冰雕展已经是全国性的旅游项目。这里有雄伟壮观的大型冰雕建筑群，有玲珑别致的冰塑小品，有栩栩如生的古今人物，有引人入胜的神话故事，有千姿百态的花卉，有惟妙惟肖的动物造型，夜幕降临，冰灯齐放，简直就是一个童话般的世界。

吃元宵

元宵节吃元宵，这是中华民族历久传承的习俗，那么，吃元宵这种习俗起源于何时呢？传说在春秋末年，楚昭王返国途中路过长江，见一物浮于水面。船夫捞起，献给昭王。其物色白而微黄，剖而食之，其瓤红如胭脂，味道甜美。左右大臣无人能识。昭王遣人请教孔子，孔子说："此浮萍果也，得之者主复兴之兆。"昭王大喜。因其时为元月望日（正月十五），以后每逢这一天，楚昭王即命人用面仿制浮萍果而成元宵。

在史籍中，也有一些关于吃元宵的记载。如后唐五代，元宵也被称为面茧、圆不落角，做法与现在基本相同，也是用糯米粉做皮，中渚以馅。到了宋代，元宵又被称为圆子或团子。宋代周必大的《平园续稿》记载：

"元宵煮浮圆子，前辈似未曾赋此……"另外，宋人周密的《武林旧事》也记载："节食所尚，则乳糖圆子、澄沙团子……十般糖之类。"大约这种食品的节令性太强，民间后来就称之为元宵了，而且寓有团团圆圆、一家和睦之意，与节令相得益彰。现在，元宵一般是中国北方地区的叫法，南方大部分地区还是叫汤圆。宋代著名词人姜夔写过一首元宵诗："元宵争看采莲船，宝马香车拾坠钿。风雨夜深人散尽，孤灯犹唤卖汤圆。"姜夔是江西人，一生往来于赣、皖、苏、浙之间，自然是称元宵为汤圆了。现在，江南地区还有称元宵为团子的，大约就是古称的延续。

　　元宵分为实心和带馅的两种，后唐五代以前，元宵都是实心的，只是在汤中加各种配料。五代以后，元宵带馅的比较多，可带汤吃，也可以油炸和蒸吃。制作元宵的馅料，有荤有素，有甜有咸，有酸有辣。普通的元宵基本上是以甜味为主，按西方的说法，就是甜点。如最普通的桂花酒酿元宵，以桂花、芝麻、糖为馅，放入江米酒酿中煮熟，入口甜蜜、糯软，香气扑鼻。

　　元宵的制作方法也分为两种，北方的元宵是将馅料在元宵粉中滚粘而成，南方的汤圆则是以水磨糯米粉包馅料而成。随着时代的发展，元宵品种越来越丰富，除了继承传统的如黑芝麻、桂花山楂、五仁、豆沙等品种，又有创新如蛋黄、巧克力、奶油椰蓉等。另外，以花椒盐制作出来的椒盐汤圆口味咸甜，味正而独特。奶黄口味的汤圆则混合了黄油和鸡蛋，具有浓郁的奶香味道，中西结合，令人回味无穷。

　　就全国来说，浙江宁波的"缸鸭狗"汤圆较为有名，缸鸭狗是宁波有名的百年老店，汤圆以黑芝麻、白糖、猪板油为馅，汤加少许桂花，煮熟后颜似白玉，皮薄见馅，细腻润滑，糯而不黏，咬一口馅料四溢，满口香甜。另外，四川的赖汤圆、郭汤圆，安徽安庆的韦家巷汤团，都是有名的小吃。

耍龙灯

每逢元宵佳节，舞龙是中国民间必不可少的节目。舞龙也称龙舞、耍龙灯、闹龙灯、玩龙灯、龙灯会。远古的先民认为，龙是天上的神物，神通变化，耕云播雨，若隐若现，玄妙莫测。华夏民族普遍以龙为图腾，认为自己是龙的传人。舞龙的最初目的是祈雨，以保佑庄稼丰收。随着时代的发展，舞龙的内涵又包括了祈福、求子、娱神娱己、节庆等。

舞龙祈雨在先秦时期已开始流行，到汉代已成普遍现象。汉代大儒董仲舒在《春秋繁露》中说，春旱求雨要舞青龙，炎夏求雨要舞赤龙或黄龙，秋季求雨要舞白龙，冬天求雨要舞黑龙。因五色为五行，五行配四季，这样求雨才会有效。由此可见，汉代舞龙祈雨已属平常，舞龙还有

> ### ·舞龙礼仪·
>
> 在南方农村，舞龙的表演者往往要穿街过户表演。每舞到人家门前就停下来，龙头频点，向主人拜年祝福，然后再上下翻腾，左盘右旋，表演一些舞龙的套路。这时，主人必须鸣放鞭炮以示欢迎，并且对表演者有所答谢，一般是送红包（钱数不一，视家境而定），客气一点儿的，还要递上糖果或香烟，请大家喝茶。

理论指导，这很可能与官方的直接主持有关系。

现代南方流行的舞草龙，还保留一些古代祈雨的遗俗。草龙由柳条、青藤、稻草扎成，夜晚舞耍时，龙身上满插香火，因而又称"香龙""香火龙"。舞龙结束时，还要在喧天的锣鼓鞭炮声中，恭恭敬敬地将草龙送到江河溪潭之中，其用意是让龙回到龙宫，以保佑一方风调雨顺。

除了祈雨之外，舞龙还有娱神娱己的目的。《汉书·西域传赞》记载："孝武之世，设酒池肉林以飨四夷之客，作巴俞、都卢、海中、砀极、蔓延鱼龙、角抵之戏。以观视之。"颜师古解释说，"巴俞、都卢""海中、砀极"都是歌舞名，而"鱼龙"则是一种集体的表演，由众人扮成的巨鱼变成巨龙。表演需要大量的布景和道具，甚至要动用一些烟火特技，其场面十分壮观。这种舞龙常被用来为宴饮助兴，是招待贵宾的宫廷娱乐。

龙与灯结合成龙灯，大约始于宋代。南宋吴自牧的《梦粱录》记载：元宵之夜"以草缚成龙，用青幕遮草上，密置灯烛万盏，望之蜿蜒如双龙飞走之状"。这只是放置固定的位置专供人们观赏的龙形灯饰。在古代，舞龙不仅白天舞，夜里更要舞，夜里舞龙当然离不开灯，灯火辉煌，鱼龙曼舞，所以大凡舞龙，都通称"龙灯"。

在"龙灯"的耍法上，全国各地风格不一，各有特色。耍十一节龙的主要侧重于花样技巧，较常见的动作有：蛟龙漫游、龙头钻裆（穿花）、头尾齐钻、龙摆尾和蛇蜕皮等。耍龙中，不论表演哪种花样动作，表演者都必须用碎步起跑。耍十三、十八节龙的，主要表演蛟龙的动作，就是巨龙追踪着红色的宝珠飞腾跳跃，忽而高耸，似飞冲云霄；忽而低下，像入海潜渊，蜿蜒腾挪。这就要求众多的表演者必须协调一致，步步跟随。

龙灯各地都有。浙南地区舞龙灯有着深厚的传统，宋代时就流行于民间。常见的龙灯有布龙、板龙、平龙等。布龙，分红、黄、青、白、黑五色，龙的骨架以竹篾扎制而成，外糊薄纸，内点烛灯。每龙十八节，每节长约一米，用绘有龙鳞的长布连接头尾。舞时，前有一人持龙珠逗引，后有十八个壮士紧紧跟随，时蹦时跳，俯仰翻滚，滚法有"鲤鱼化龙""顺反蟠龙""四枪交龙"等。人们还在街心摆起烈焰熊熊的火盆，龙灯队前后紧随，快速飞越。这种"飞龙越火"的精彩表演，令人惊叹不已。

当正月十八龙舞收灯时，照例要举行一场大型蟠龙活动，火龙每经过一个祠堂或广场，都要进去盘一盘龙身。这时候，舞龙手们一个个精神抖擞，将自己的技巧发挥得淋漓尽致。只见五龙登场，彼此蟠结，却丝毫不乱，一会儿又犹如翻江倒海，气势磅礴，场面极为壮观，引得观众不时发出阵阵喝彩声。

四川省铜梁的龙灯也较为有名。铜梁有扎龙的传统，扎龙的工艺十分精湛。如铜梁龙灯的"正龙"：头大、颈长，节内还可以点灯，以灯光取代烟火。另外，还有用竹编做龙骨，纸扎龙头，布做龙脊，借助灯火而起舞的"彩龙"；用皮纸或绢绸做皮，彩绘鳞甲，龙身能伸缩转动的"肉龙"或"蠕龙"；天旱求雨时，舞可泼水的"黄荆龙"；用白花扎成，用来祭祀亡灵的"孝龙"；用稻草扎成，插入竹竿，执持起来耍舞的"草把龙"等。

舞狮子

舞狮是中国民间传统的娱乐活动，最早起源于三国时期。北魏文人杨衒之的《洛阳伽蓝记》中，就有"辟邪狮子，引导其前"的描写，可见当时已有舞狮的场面。关于舞狮的起源还有一种说法：相传北魏武帝远征甘肃河西，俘虏胡人十万之多。魏武帝把他们囚困边关拓荒三年。一日，武帝巡视禁区，边将设宴款待，并令胡人献舞娱乐。胡人以木雕兽头，两大五小，披兽衣，集八音乐，武士三十余人，起舞于御前。舞者做欢腾喜悦状，或做低首相怜状，舞技非常美妙。武帝很喜欢，便问胡人这舞叫什么名字。胡人答道："北魏朝圣，四方匡伏，西凉乐伎，同沾皇恩。"武帝听后龙心大悦，赐名"瑞狮"，恩准俘虏回国。自此，狮子舞便在北方流传开来。

南北朝时，舞狮首先在军队流行，到唐代以后，舞狮又出现在宫廷的宴会上。据说唐高祖为庆贺登基，曾大宴群臣及四夷宾客，其中的表演活动就设计了"五方狮舞"。唐代的《乐府杂录》记载："戏有五方狮子，高丈余，各衣方色，每一狮子，有十二人，戴红抹额，衣画衣，执红拂子，谓之狮子郎，舞太平乐曲。"由此可见，狮舞在当时已成为逢年过节、行香走会中的必备节目。同今日的舞狮比较，当时的舞狮只是雏形，不过，大体的形式并没有相差太多，只是技巧没有现在丰富。

舞狮大体上分为北方狮舞与南方狮舞。北方舞狮称瑞狮，相传是胡人

元宵节
一夜鱼龙舞

从塞外传到中原的。北狮的外形，全身由狮被遮盖，舞狮者只露出双脚，下身穿着和狮被同色的裤子和花靴。两人合作扮一头大狮（或称太狮），一人扮一头小狮（或称少狮），另一人扮武士，手持绣球作为引导，并先开拳踢打，以引诱狮子起舞。舞狮的动作有跌扑、翻滚、跳跃、搔痒、抓耳，还有滚绣球、过跳板、上楼台等难度较大的动作。舞狮时配以京鼓、京钹、京锣，气氛热烈，引人入胜。

南方舞狮称醒狮，相比之下，南狮的道具和技巧更为全面。狮舞还与当地流传的武术结合起来，舞狮的基本功就是南拳的武术基本功，舞狮者往往武艺高强，身怀绝技。南方的醒狮分文狮、武狮和少狮三大类。文狮以刘备、关公做脸谱，武狮以张飞做脸谱，文狮表现温驯而和善，武狮表现勇猛而刚烈；少狮即幼狮，憨态可掬，一般跟随文、武狮同场表演。南狮造型极度夸张，威武雄壮，美丽活泼，形神兼备。

传统的舞狮技艺有"出洞""上山""巡山会狮""采青""入洞"等，尤以"采青"动作难度较大。一般舞狮的队伍经过铺面住户时，主人皆燃放鞭炮。一些商贾为了讨个好彩头，还把一兜生菜（谐音"生财"）和大红包（包里除了钱，有的还加锦旗和香烟）高悬在二三层楼的竹竿上，称"吊青"。于是，狮子踩着人梯踏肩而上，站在顶端表演转身、托举和采青等技艺，直到咬下悬赏之物，才边舞边下来。最后，狮子向主家叩伏三次，以谢赏赐。更有甚者，将十多张八仙桌摆成梯级，让狮子上楼台，叫"采台青"。

凡新狮初舞，按照传统的俗规，要进行一个庄重的仪式，叫作"开光点睛"。点睛之人必须是德高望重、且上有双亲下有子孙的人。点睛时，点睛人在焚香、向天地敬酒（洒酒）之后，向东南方行礼，然后鸣鼓杀鸡，用新笔蘸鸡血点于狮头的左右眼。点睛人把执笔的手扬起时，全场鼓声雷鸣，锣声大作，一片欢腾景象。同时，新狮在地上开始活动，蓦然腾起，在欢声笑语中，舞动它那美妙的身姿。

猜灯谜

一时欢乐一时愁，

想起千般不对头；

如若想得千般到，

自解忧来自解愁。

这首打油诗就是一首灯谜，它的谜底正是"猜谜"。

猜灯谜是古代元宵节一项引人入胜的文化活动，上至皇帝大臣、文人学士，下至平民百姓都非常喜爱猜灯谜。灯谜源于猜谜的文字游戏，大约在秦汉时期就有了。三国时期，猜谜盛行，据刘义庆《世说新语·捷悟》记载："魏武尝过曹娥碑下，杨修于碑背见题作'黄绢幼妇，外孙齑臼'，八字。魏武谓修曰：'解否？'答曰：'解。'魏武曰：'卿未可言，待我思之。'行三十里，魏武乃曰：'吾已得。'令杨修记所知。修曰：'黄绢，色丝也，于字为绝；幼妇，少女也，于字为妙；外孙，女子也，于字为好；齑臼，受辛也，于字为辞。所谓"绝妙好辞"也。'魏武亦记之，与修同，乃叹曰：'我才不及卿，乃觉三十里。'"但据史书记载，曹操和杨修并没有到过曹娥碑的所在地——浙江会稽，因此这段故事很可能是虚构的。但根据《世说新语》的问世时间，至少可以肯定，南北朝之前就有了这道文义谜。

南朝时期，出现了中国谜史上的第一个"谜"字。诗人鲍照作"井""龟""土"三个字谜，并以《字谜三首》收入他的诗集，其中的"井"字谜为："一形一体，四支八头；一八五八，飞泉仰流。"前三句描述，后一句会意更进一层喻示"井"。

但是，猜谜的游戏正式演变为灯谜大约是在南宋。两宋时元宵灯节盛况空前,特别是南宋都城临安(今杭州)有"南宋时观灯独盛"的说法。当时,一些文人学士便"以绢灯剪写诗词,时寓讥笑,及画人物,藏头隐语,及旧京诨语,戏弄行人"。(《武林旧事》)《嘉定县志》还记载:"正月十五日为上元节,先数日卖灯谓之灯市……好事者或为藏头诗句悬杂物于几,任人商揣,曰灯谜。"至此,灯和谜发生联系,结下了不解之缘,诞生了"灯谜"。当时的灯谜,是指写在灯上的谜语,而不是专指现在的文义谜。

明清两代,猜灯谜成了文人学士的雅好,文学名著《红楼梦》中就有不少猜灯谜的情节。如第五十回,一班小姐太太在暖香坞制春灯谜时,李纨出一灯谜:"观音未有世家传,打四书一句。"湘云猜是《大学》中的"在止于至善"。宝钗笑道:"你也想一想世家传的意思再猜。"黛玉接着猜,是《中庸》中的"虽善无征",意即观音虽善,但无人向他纳彩定亲,所以未有世家传。接着,湘云编了个《点绛唇》:"溪壑分离,红尘游戏,真何趣?名利犹虚,后事终难继。"打一俗物。众人有猜道士,有猜偶人,

《红楼梦》灯谜

制灯谜有很深的学问,文学名著《红楼梦》中就有不少灯谜。

1. 身自端方,体自坚硬。虽不能言,有言必应。(打一用品)

2. 天运人功理不穷,有功无运也难逢。因何镇日纷纷乱,只为阴阳数不同。(打一用品)

3. 阶下儿童仰面时,清明妆点最堪宜。游丝一断浑无力,莫向东风怨别离。(打一玩具)

4. 南面而坐,北面而朝。像忧亦忧,像喜亦喜。(打一用品)

答案:1.砚台 2.算盘 3.风筝 4.镜子

只有宝玉猜为戏耍的猴儿。众人说,最后一句不解,湘云回答说:"哪一个耍的猴子不是剁了尾巴去的?"

制灯谜有很深的学问,好的灯谜不仅寓意深涵,而且机智巧妙。相传宋代的宰相王安石是一位制谜高手,他制的字谜"目字加两点,不作贝字猜"(贺字),还有"贝字欠两点,不做目字猜"(资字),就属杰作,历来为人称颂。苏东坡也是一位制谜高手,有一次,一位朋友请他在画上题字,他随手就题了"虫二"两字,众人茫然,不知何意。后来才猜出他将风月二字去框,意为"风月无边",大家拍手称妙。

在当代,灯谜这一古老的传统文化又引起人们的浓厚兴趣,灯谜活动雅俗共赏,寓教于乐。在节日或联欢会上,猜谜已成为一种必不可少的文娱项目。灯谜爱好者还纷纷组建灯谜组织,谜协林立。互联网上灯谜也迅速兴起,大大小小的灯谜网站已有几十家之多。

踩高跷

踩高跷是极富民间特色的表演和娱乐活动。高跷本属我国古代百戏中的一种,早在春秋时期就已经出现。高跷最早见于典籍的是《列子·说符》:"宋有兰子者,以技干宋元。宋元召而使见。其技以双枝,长倍其身,属其胫,并趋并驰,弄七剑迭而跃之,五剑常在空中。元君大惊,立赐金帛。"《列子》约成书于汉代,可见汉代高跷就已流行,表演者不但以长木缚于足行走,还能跳跃和舞剑。

到了宋代,踩高跷已经在民间盛行,当时称之为"踏橇"。高跷不但受普通百姓的欢迎,也受王宫贵族的青睐,宫廷舞队里也有踩高跷的表演者。高跷分高跷、中跷和跑跷三种,最高的有一丈多。据古籍记载,古代的高跷皆属木制,在木棒中部做一个撑点,以便放脚,然后再用绳索缚于腿部。表演者脚踩高跷，可以表演舞剑、劈叉、跳凳、过桌子、扭秧歌等动作。

在南方，高跷属于"插秧歌"的一种，清代的恩竹樵写过一首《咏秧歌》："捷足居然逐队高，步虚应许快联曹。笑他立脚无根据，也在人间走一遭。"描写了踩高跷的情景。当时的表演者，足踩三四尺高的木跷，手执扇子，边走边舞，扮演的多是戏曲中的角色，如关公、张飞、吕洞宾、何仙姑、张生、红娘、济公等。他们边演边唱，生动活泼，逗笑取乐，行走自如。

北方的高跷，又称为拐子，每到农历正月，一队队高跷会在腰鼓、小镲锣、大小钹的打击乐中穿街而过。一拨儿高跷人数不定，一般十几人。身量高的踩低跷，身量矮的踩高跷。表演者是传统戏装打扮，由开路棍打头儿，随之便出现白蛇、唐僧、姜子牙、渔翁、媒婆、傻公子、小二哥、道姑、和尚等艺术形象。诙谐有趣，粗犷喜人，声情并茂，往往惹得路人哈哈大笑。

山西有着高跷表演的悠久传统，民间的高跷技艺水平很高。山西人有文高跷和武高跷的说法：文高跷重于扭和踩，武高跷则以表演特技为主。如浮山县的武高跷，头跷为指挥，二跷是领队，戏曲人物居中，最后由丑汉压阵。首先表演各种戏剧场景，然后表演"过仙桥""跳桌子""跳双凳""大劈叉"等各种难度大的动作。

新绛县境内的柏壁村和交口县的双池镇的"扑蝴蝶"，是既有故事情节，又有许多高难度动作的高跷节目。这个节目由三人表演，女性饰演旦角，挑着蝴蝶前行，男性饰演小生，持扇扑蝶，小丑摇动拨浪鼓嬉戏追逐，活泼生动，趣味性很浓。在表演中，不时又有"蹲走""跳桌子""鹞子翻身""越头跳""后滚翻""单腿跳"等技巧动作，引得人们声声叫好。

元宵诗话

元宵节是一个万民欢庆、天下同乐的日子，为此，古代的诗人也留下了名篇佳作，这也是元宵节的一笔宝贵的文化遗产。

隋炀帝大业二年（606年）和大业六年（610年）正月，为了显示国力，宴请少数民族首领，曾两次调集数万民间艺人进京，表演各种歌舞技艺。戏场绵延八里，夜以继日，张灯结彩。隋炀帝龙颜大悦，作《元夕于通衢建灯夜升南楼》：

法轮天上转，梵声天上来。

灯树千光照，花焰七枝开。

月影疑流水，春风含夜梅。

燔动黄金地，钟发琉璃台。

隋炀帝虽然是个亡国之君，但他的文才与诗才却非常出众，唐太宗在读过隋炀帝的诗文后也极力称赞。这首诗的描写形象而全面，其中"法轮""梵声""黄金地""琉璃台"等词，暗喻元宵节有如极乐的佛土，从中可以看出当时元宵节的盛况。

唐代的元宵节，观灯游乐已经盛行，从王公贵族到平民百姓，无不踊跃观灯，夜游尽兴。盛唐之年，诗风大兴，为此作元宵诗的不少。如卢照邻作的元宵节古诗词《十五夜观灯》：

锦里开芳宴，兰缸艳早年。

缛彩遥分地，繁光远缀天。

接汉疑星落，依楼似月悬。

别有千金笑，来映九枝前。

卢照邻为初唐四杰之一，此诗以天上的银河和悬月来比喻元宵节的场面，委婉而凝练。

又有崔液的《上元夜》：

玉漏铜壶且莫催，

铁关金锁彻明开。

谁家见月能闲坐，

何处闻灯不看来。

此诗写景不多，妙在从写人而知全城百姓一同观灯赏月的盛况，所谓写人以观景。

宋代的元宵节更是热闹非常，两宋的皇帝大都喜文艺之才，因此都积极支持各种文艺活动。这从南宋辛弃疾《青玉案·元夕》中的描写可以看出。该诗中的场面描写非常精彩，而且富有情趣，如最后一句："众里寻他千百度，蓦然回首，那人却在，灯火阑珊处。"

欧阳修的《生查子·元夕》又是另一番趣味：

去年元夜时，花市灯如昼。

月上柳梢头，人约黄昏后。

今年元夜时，月与灯依旧。

不见去年人，泪湿春衫袖。

此诗只是简单地描写了元宵节的景象，重点叙述一对恋人在元宵节的欢聚之喜与离散之悲。

清明节

牧童遥指杏花村

清明时节雨纷纷，

路上行人欲断魂。

借问酒家何处有，

牧童遥指杏花村。

杜牧的这首《清明》诗，既能让人感觉到春寒的料峭，又有清明游子的一丝孤寂，好像诗人带着你进入了那幅江南雨意的朦胧画，远处的杏花村溢着酒香，还有骑着牛的牧童向你走来。

宋代的大儒程颢也有一首《郊行即事》：

芳原绿野恣行时，

春入遥山碧四围。

兴逐乱红穿柳巷，

困临流水坐苔矶。

莫辞盏酒十分醉，

只恐风花一片飞。

况是清明好天气，

不妨游衍莫忘归。

程颢是理学创始人之一，也是中国历史上一流的思想家。他的诗没有清明时春寒的萧条，倒是有着春意盎然的兴致。芳香的平野，青葱的碧山，惹起了诗人游春的念头，他们穿过花红柳绿的街巷，又久坐在长满苔藓的矶石上，大家相互劝着酒，看着潺潺的溪水流去……清明的好天气使他们乐而忘返。

清明节的确是一个既让人感觉一丝寒冷，又让人感觉"吹面不寒杨柳风"的节日。清明正值暮春时节，遇上下雨便会带来最后一丝的春寒，但更多时候天气晴朗、空气洁净，绿草如茵，万物竞长，一派生机勃勃的景象。在北方，清明正是人们脱下冬装，走出户外，踏青游览的季节。人们还要举行各种活动，特别是要祭祀祖先。

清明节溯源

有关清明最早的文字记载，出于西汉刘安主编的《淮南子·天文训》："春分后十五日，斗指乙，则清明风至。"清明是农历三月里的一个节气，距离冬至约107天。清明又包括两层意思，一指节气，二指节日。节气指的是二十四节气，这是古人在劳动生活中观察太阳的不同位置而总结出来的。古人首先观察到一年四季的变化，他们根据日照与气候的变化，又将四时分为八节：日最短（冬至）与日最长（夏至）、日夜等分（春分、秋分）、天气暖和与炎热的开始（立春、立夏为二启）、天气凉爽与寒冷的开始（立秋、立冬为二闭）等八节，后来又将每节分为三气，这样一年四季有二十四节气。二十四节气的完备形态出现在汉代，但它的雏形在春秋战国时期已经产生。清明一到，气温升高，雨量增多，正是春耕春种的好时节，所以江南有"清明谷雨两相连，浸种耕田莫迟延""清明前后，种瓜点豆""植树造林，莫过清明"的农谚。

一般来说，节气只是时序的标志，而节日则包含着某种风俗和纪念意义。民俗节日中，唯有清明是以节气兼节日的民俗大节。那么，清明又是如何从节气演变为节日的呢？《荆楚岁时记》载："去冬节一百五日即有疾风甚雨，谓之寒食，禁火三日。"也就是说，从冬至到寒食，中间相隔了

105天。古人又说:"冬至百六日为清明。"以此推算,寒食在清明的前一天。因为寒食与清明日子相近,而古人在寒食中的活动又延续到清明,久而久之,寒食与清明就没有严格的区别了。后来,又因人们已不遵寒食的习俗,其他的活动也就由清明节取而代之了。

寒食禁火

在清明节的前几天还有一个寒食节。大约在汉以前,寒食节是很盛行的。据记载,西汉以前的山西、内蒙古一带,人们要吃一个月的冷食。寒食节结束,便是清明节。汉代时改寒食节为清明前三天,唐宋时又改为清明前一天。明清时,寒食节几乎消亡了。清代的《燕京岁时记》载:"清明即寒食,又曰禁烟节。古人最重之,今人不为。但儿童戴柳,祭扫坟茔而已。"这时已经没有吃冷食的习俗,只是祭扫坟墓,实际上已与清明节合二为一了。

说到寒食节,不能不提起春秋时的名臣介子推。传说春秋时,晋公子重耳流亡在外,历尽艰辛,终于回到晋国做了国君,这就是晋文公。晋文公返国后,跟随他的臣子都跟着升官发财,晋文公唯独把介子推忘了。后来,其他人看不过去,几次上书晋文公,晋文公才想起介子推有割肉侍主之恩,马上差人去请介子推上朝受赏。差人几请不至,晋文公只好自己亲自上门,而介子推此时已带上老母亲去绵山隐居了。晋文公就派兵入山搜寻,一定要把介子推找出来。但山之大又如何寻得见,晋文公听信了手下人的怂恿,竟下令放火烧山,要把介子推逼出来。等火熄灭,找到介子推时,只见他背着老母亲靠着一棵烧焦的柳树死去了。晋文公很难过,便把绵山封给介子推,改名为介山(今山西介休市东南的介山)。并把烧山这一天作为悼念他的节日,通令民间禁止生火,自己也带头吃冷食。传说这就是寒食节的来历。

《左传·僖公二十四年》中确有介子推被焚介山的记载，但没有与禁火联系起来，而且禁火习俗在介子推之前已经存在，所以，寒食禁火也可能是古人的附会，至于寒食禁火、吃冷食的真正原因至今也没有定论。

◆扫墓◆

清明节扫墓在《周礼》中没有记载，从这里可以看出，清明在先秦以前并不是一个独立的节日。秦以前已有祭墓之事，但是不一定在寒食之日，寒食之日扫墓是秦以后流行的，至汉唐开始盛行。大约从唐代开始，寒食与清明相混淆，扫墓也就不分寒食与清明了。但唐玄宗在开元二十年（732年）下诏："寒食上坟，礼经无文，近世相传，浸以成俗。"但因寒食与清明只相隔一天，民间也就无所谓寒食与清明的区别了。有白居易的《寒食野望吟》为证："鸟啼鹊噪昏乔木，清明寒食谁家哭。风吹旷野纸钱飞，古墓累累春草绿。棠梨花映白杨树，尽是死生离别处。冥寞重泉哭不闻，萧萧暮雨人归去。"诗中寒食清明并提，也就反映了当时民俗的变化。

宋代每逢清明，京师人倾城出郊扫墓，四野如市，十分繁闹。《东京梦华录·清明节》记载："凡新坟皆用此日拜扫，都城人出郊……士庶填塞诸门，纸马铺皆于当街用纸衮叠成楼阁之状。四野如市，往往就芳树之下，或园囿之间。罗列杯盘，互相劝酬……各携枣䭅、炊饼、黄胖、掉刀、名花异果、山亭戏具、鸭卵鸡雏，谓之'门外土仪'。轿子即以杨柳杂花装簇顶上，四垂遮映，自此之日，皆出城上坟……"这里把清明节扫墓记载得十分详细。

明末刘侗的《帝京景物略》也记载："三月清明日，男女扫墓，担提尊榼，轿马后挂楮锭，粲粲然满道也。拜者、酹者、哭者、为墓除草添土者，焚楮锭，次以纸钱置坟头。望中无纸钱，则孤坟矣。哭罢，不归也，趋芳树，择园圃，列坐尽醉。"明清扫墓的习俗与宋人基本相同，扫完墓还要喝酒，列坐尽醉，可见古人扫墓亦悲亦乐。

古代扫墓，一年分春秋两次，至近现代，则以清明为主。扫墓，主要包括为墓加土、剪除杂草、修整树木、在墓前焚烧纸钱、洒酒祭祖、叩头等活动。扫墓的目的主要是追念先人，寄托哀思。古人讲究"慎终追远"，讲究孝道，所以对祭扫祖先格外重视，当然，扫墓不仅是祭祖，也有对后代进行道德教育的价值。

◆ 踏青 ◆

东晋永和九年（353年）三月三日，时任会稽内史的王羲之与谢安、孙绰等名流四十一人在绍兴兰亭"修禊事"。所谓修禊事，修为整理，禊为洗澡，修禊事即是古人的一种祭礼和文人的高雅活动。当日，天朗气清，惠风和畅，王羲之等人曲水流觞，饮酒赋诗，有书圣之称的王羲之还乘醉挥墨，留下了千古书法名作《兰亭序》。

《兰亭序》记载的这些活动，正好在三月三日的上巳节，与清明节相邻。作为时序来说，这时正是暮春时节，莺飞草长，柳绿花红，正是所谓"吹面不寒杨柳风"的季节，也是古人"踏青"的大好时光。经过一冬寒冷伏藏，古人皆走出户外，享受大自然中的阳光与绿野。那些文人学士则来到郊野，喝着酒，互相唱和诗歌，真是其乐融融。

古人踏青不仅仅是在清明,《旧唐书》记载:"二月壬午,幸昆明池踏青。"当时是大历二年,大历是唐代宗李豫的年号,是为丁未年(767年),其二月壬午为农历的二月初九,离春分还有两天,离清明还有十七天。可能那天天气好,这位皇帝就到昆明池踏青去了。

到了宋代,踏青之风盛行,当时记录清明活动最为形象生动的要数北宋张择端的《清明上河图》。《清明上河图》总长有5.287米,是为画中长卷,光画中人物就多达五百余人。画的内容分为三段,主题分别为出郊、上河、赶集。其首段描写了汴京人往郊野踏青的画面:在疏林薄雾中,掩映着几家茅舍,周围有草桥和流水,柳枝刚刚泛出嫩绿。路上一顶轿子,内坐一位妇人,轿顶装饰着杨柳杂花,轿后跟随着骑马的、挑担的,看似从京郊踏青归来。这幅画是我们了解古代清明节习俗的最好的资料之一。

清明踏青还是诗人们咏叹的好题材。如"诗圣"杜甫有《绝句》:"江边踏青罢,回首见旌旗。风起春城暮,高楼鼓角悲。"诗人在长安城郊的曲江踏青,有着春游的喜悦,又有着踏青归来回首旌

旗而感慨的心情。宋代诗人吴惟信《苏堤清明即事》诗句:"梨花风起正清明,游子寻春半出城。日暮笙歌收拾去,万株杨柳属流莺。"为我们描述了在杭州西湖苏堤踏青的图景。写得最好的,首推欧阳修的词《阮郎归·踏青》:"南国春半踏青时,风和闻马嘶。青梅如豆柳如眉,日长蝴蝶飞。"这是仲春时节的景象,拟景为人,有着闺阁的温情和春浓的陶醉。欧阳修擅长写情,即使是写景也是那样的情意绵绵。

由于全国各地气候不一,一般来说,踏青的时节也有先有后。农历二月为福建一带的踏青节,三月三为陕西一带的踏青节。东北地区由于春来得迟,一般到了五月初五才开始踏青。

现代人把踏青叫作春游,特别是大城市,现在盛行类似农家乐的各种活动。一家人开着车,到山区乡野,住民居,吃农家饭,体会平常难得的乡村生活;或者爬爬山,呼吸一下新鲜空气,的确是一件令人愉快的事情。

清明插柳习俗

古代清明节有门上插柳的习俗。清乾隆三十五年(1770年)刻本《光州志》载:"清明日,男妇各戴柳枝于首,门、檐、匾并插柳枝。"为什么要在门上插柳呢?《岁时记》云:"以是取柳火之义。一说柳枝可禳火也。""取火",古礼谓春取榆柳之火;"禳"是禳解的意思,即禳解火灾。另外,也有门上插柳为辟邪一说。在天一阁藏明代《建昌府志》中记载:"清明,是日插柳于门,人簪一嫩柳,谓能辟邪。"柳枝辟邪是古老的说法。贾思勰《齐民要术》中说:"正月巳,取柳枝著门户上,百鬼不入家。"清嘉庆年间刻本《峨眉县志》则记载,清明时妇女贴胜于鬓,名"柳叶符",此符即是辟邪之符。

荡秋千

清明节荡秋千是自古以来的传统。最早的秋千活动,据说是在春秋年间,为北方的山戎所创。清翟灏《通俗编》载:"此(荡秋千)北方山戎之戏,以习轻(敏捷)者。"山戎是古代北方的一个少数民族,活动范围在今天的北京及其周围地区,秋千原是他们进行军事训练的工具。后来,齐桓公带兵帮燕国打败山戎后,将其国土划归燕国,秋千也随之向南流传,后来逐渐演变成游戏。此戏当时称为"千秋",并且只有一根绳子,以手抓绳子而荡。汉武帝时,后宫祈祷千秋之寿,武帝令宫女们耍绳戏为乐,为避忌讳,将"千秋"改称为"秋千"。

到唐代时,秋千成为宫中常见的游戏。《开元天宝遗事》记载:"天宝宫中至寒食节,竞竖秋千,令宫嫔辈笑以为宴乐,帝呼为半仙之戏,都中士民相与仿之。"看来,当时的秋千主要是皇宫和富贵人家的游戏,后来虽然流传到民间,但普通百姓也没有能力搭建这样的设施。

宋代还出现了"水秋千"。据南宋吴自牧《梦粱录》记载,不管是在北宋都城汴梁的金明池,还是在南宋都城临安的西湖和钱塘江,都举行过这种秋千表演。每逢水秋千表演时,上自皇帝妃子、王公大臣,下至庶民百姓,竞相观看。水秋千架竖在两艘雕画精美的大船上,表演时,船上鼓声大作,杂耍艺人先耍练上竿,然后表演者按次序登上秋千,奋力悠来荡去。当秋千荡到和秋千架的横梁相平之时,他们双手脱绳,借秋千之力跃入空中,在空中翻个跟斗,然后投身入水。因表演者姿势各异,看上去惊险优美而又变化无穷。

荡秋千也是朝鲜族女子最喜爱的活动之一,是一种传统的民间游戏和体育比赛项目。秋千比赛时,成群结队的年轻女子穿着鲜艳的服装,或浓妆，或淡抹，欢聚在秋千场。秋千赛可分"单人荡"与"双人荡"。两种荡法均以腾空的高低决定胜负。为了衡量荡腾的高度，一般以特定树梢、树花为标准，看谁能在荡飞时踢到、触到或咬到指定的物体；或以拴在高处的铜铃、饰物为标准，看谁能碰响、踢落它们；或在蹬板下拴上标有尺度的细绳，以测算荡腾的高度。

打球

古代的打球分两种：一是足球，古人称之为"蹴鞠"，"蹴"就是踢的意思，"鞠"则是以皮革做的球；二是马球，是骑在马上用球杖打的球，也叫波罗球。蹴鞠运动起源很早，刘向的《别录》记载："蹴鞠者，传言黄帝所作，或曰起于战国时。"黄帝在古人的心中有着神一般的地位，因此许多发明创造都附会到黄帝身上。刘向生在西汉昭帝元凤年间，距秦不过一百多年，他说蹴鞠或起源于战国，应比较可靠。

汉代的帝王及王侯子弟都非常喜爱蹴鞠运动，汉高祖刘邦就曾在皇宫里修建"鞠域"（球场），经常举行比赛。到汉武帝时，他本人就是蹴鞠爱好者，而且还将蹴鞠作为军队锻炼士卒体力的训练项目，当时长安宫苑内建有大型的球场，军队在行军所到之处，也建有临时的球场。

到了唐代，蹴鞠运动有了很大的发展，这时的球已由毛发填充物改为充气，并且还有了球门，分甲、乙队，射门以分胜负，胜者有奖励，非常接近现代足球的规则。唐代还有女子踢球的记载。唐代康骈撰的《剧谈录》中有一则《潘将军失珠》，其中载："超他日因过胜业坊北街……有三鬟女子，年方十七八……值军中少年蹴鞠，接而送之，直高数丈；于是观者渐众。超独异焉。"于此可见当时蹴鞠的盛行。唐代诗人韦庄也有诗曰："内官初赐清明火，上相闲分白打钱。""白打"就是踢球的术语，意思是为大臣们分踢球的赏钱。

唐代还盛行马球。马球在唐代称为波罗球，当时是风靡皇室贵族的运动。唐代封演编撰的《封氏闻见记》记载：中宗时，李隆基（后来的玄宗）为首的皇家马球队曾大败吐蕃队。唐代的帝王中有不少马球迷，如中宗、玄宗、僖宗。据《新唐书·郭子仪传》记载，唐代的女子也能玩马球，不过她们是骑驴而不是骑马。

宋代的马球也十分盛行，宋太祖、宋太宗都是马球迷，一到寒食清明，皇宫就要举行马球比赛。宋代的军队中也盛行马球，同时也把马球作为军事训练的项目。

放风筝

清明时节，天朗气清，正是放风筝的好时节。风筝，北方称为"纸鸢"，南方称为"纸鹞"。风筝的制作在中国有着两千多年的历史，大约起源于春秋时代。如《韩非子》记载："墨子为木鸢，三年而成，飞一日而败。"成书于汉代的《鸿书》也记载："公输班制木鸢以窥宋城。"《红楼梦》的作者曹雪芹，在他的《南鹞北鸢考工志》中写道："观夫史籍所载，风鸢之由来久矣，可征者实寡，非所详也。惟墨子作木鸢，三年而飞之说，或无疑焉。"他还肯定墨子作木鸢能够负人载物，还能够在军事中应用，只是墨子主张非攻，反对战争，所以没有将制作方法传下来。

墨子所制作的是木质的风筝，纸质的风筝大约到汉代才出现。宋人考证，汉代名将韩信曾经发明纸风筝以用于军事。如宋人高承在《事物纪原·卷八·纸鸢》中说："俗谓之风筝，古今相传，云是韩信所作。"

《唐书·田悦传》载，临城被田悦包围，唐朝将领用纸做成风鸢，飞过田悦的军营，传达了求援的信息，终于引来了救兵。纸风筝在唐代虽然也用于军事，但更多是一种游戏。唐代诗人高骈有《风筝》诗曰："夜静弦声响碧空，宫商信任往来风。依稀似曲才堪听，又被风吹别调中。"可见当时风筝上还安装了风笛，在高空中还能吹出宫、商、角、徵、羽的曲调声。

到了宋代，风筝的流传更为广泛。宋徽宗便是一个风筝的热心倡导者。他不但自己玩风筝、画风筝，还曾主持编撰了一本《宣和风筝谱》。在当时，风筝已成为儿童们的普通玩具。小儿竞放风筝已成为春天郊外的一景。同时，还出现制作风筝的专门职业，以及专门以放风筝为职业的"赶趁人"。宋代又是一个绘画流行的时代，画家们也喜欢在风筝上作画，这样，风筝的造型更为美观，且出现了许多象形风筝。风筝作为艺术品，也更为人们所喜爱。

明清时期，风筝的发展达到了鼎盛，风筝的大小、样式、扎制技

术、装饰、放飞技艺等都比从前有了很大的提高。明清风筝的装饰手法也比过去丰富。风筝和各种民间工艺开始有机地结合起来。当时的年画作坊还用木版年画来印刷风筝纸，民用纸扎艺人所用的装饰手法和材料也多样化起来：有贴纸、纸塑浮雕、剪纸、描金银、加纸花等。音响装置也有发展，除过去的响弓外，"又以竹芦贴簧，缚鹞子之背，因风气播响，曰'鹞鞭'"。在沿海一带，还有用葫芦、白果壳做成哨子，个数、大小不一地装在风筝上，发音雄浑，周围几里均能听到。

　　近代以来，风筝的制作要数山东潍坊最为著名，其创意之丰富、制作之精良，无与伦比。潍坊的风筝按其形状又可以分为六大类，即串式、桶式、板子、硬翅、软翅和自由类。其中串式最有特点，制作工艺也最为精湛。串式风筝是把数只相同或者不同的风筝像穿糖葫芦似的拴在一根或多根线上放飞。例如"龙头蜈蚣"风筝，分头、身、尾三个部分，身子为主体，由若干个圆片形的单体组成，每个圆片就是一个风筝。还有长120米的"梁山一百单八将""百鸟朝凤"等风筝，不仅能迎风转动，还能敲锣打鼓、喷烟冒火。

拔河

现在的群众活动中经常见到拔河，其实，拔河比赛也是古代清明节经常举行的活动。

拔河运动源于春秋时期，不过，那时不叫拔河，而称之为"牵钩""拔"。当时的楚国地处长江南北，水道纵横，除陆军外，还有一支强大的水军，并曾发明一种名为"钩拒"的兵器，专门用于水上作战。当敌人败退时，军士以钩拒将敌船钩住，使劲往后拉，使之逃脱不了。平时这种钩拒的训练就是拔河。后来，因为钩拒不但可以锻炼身体，同时也是非常有趣味的游戏，所以很快就流传到民间，成为民间活动中必不可少的比赛项目。

唐代封演编撰的《封氏闻见记》记载了古人拔河的盛况："古用篾缆，今民则以大麻絙长四五十丈，两头分系小索数百条，挂于胸前。分两朋，两向齐挽。当大絙之中，立大旗为界，震鼓叫噪，使相牵引。以却者为胜，就者为输，名曰拔河。"可见唐代的拔河方法和现在差不多，只是今天拔河的绳子是单独一根，而古代则在一根主绳上分系小索数百条。

更为有趣的是，唐代的皇帝还命令五品和三品以上的官员拔河。据《新唐书·中宗纪》记载：景龙四年（710年）的清明节，唐中宗"令中书门下供奉官五品以上，文武官三品以上，并诸学士等，自芳林门入，集于梨园球场，分朋拔河，帝与皇后、公主亲往观之"。宋代王谠的《唐语林》对这次活动记载得更为详细："时七宰相、二驸马为东朋，三宰相、五将军为西朋。东朋贵人多，西朋奏胜不平，请重定，不为改，西朋竟输。"宰相、驸马、将军一齐参加拔河，真是中国历史上的奇观，可谓空前绝后，由此也可见盛唐气象。

唐玄宗也是一个拔河的爱好者，他在军队中积极推广拔河，还亲自写了一首《观拔河俗戏》诗："壮徒恒贾勇，拔拒抵长河。欲练英雄志，须明胜负多。"由于唐玄宗的提倡，拔河之风越来越盛，《唐语林》中还记载了一次千余人的拔河比赛："挽者至千余人，喧呼动地，蕃客庶士，观者莫不震骇。"千人拔河的壮观场面，恐怕也只有盛唐时才有，这也是拔河史上难得的佳话。

近代的拔河，不仅是喜闻乐见的群众活动，也是国际间流行的正规体育比赛。如国际八人制拔河比赛，有明确的规则：参赛人数固定，并按体重分级，依场地的不同，又分为室外拔河和室内拔河两种。比赛中为顾及后位选手的安全，规定必须戴安全头盔。拔河已成为一项兼具趣味性和合作精神的体育运动。

清明诗话

清明节正是花红柳绿的时节，再加上寄托着对祖先故人的哀思，因此也是文人雅士吟诗作赋的好时节。古人有关清明的诗作数不胜数，这里选几首聊作欣赏。

唐代诗人宋之问对于律诗的形成贡献很大，他曾作《途中寒食》诗：

马上逢寒食，

途中属暮春。

可怜江浦望，

不见洛桥人。

宋之问曾经被朝廷贬谪，从诗中可以看出，寒食节时，宋之问正在路上，暮春时节，感时伤怀，思乡之情溢于纸上。

唐代有"诗佛"之称的大诗人王维有一首《寒食汜上作》：

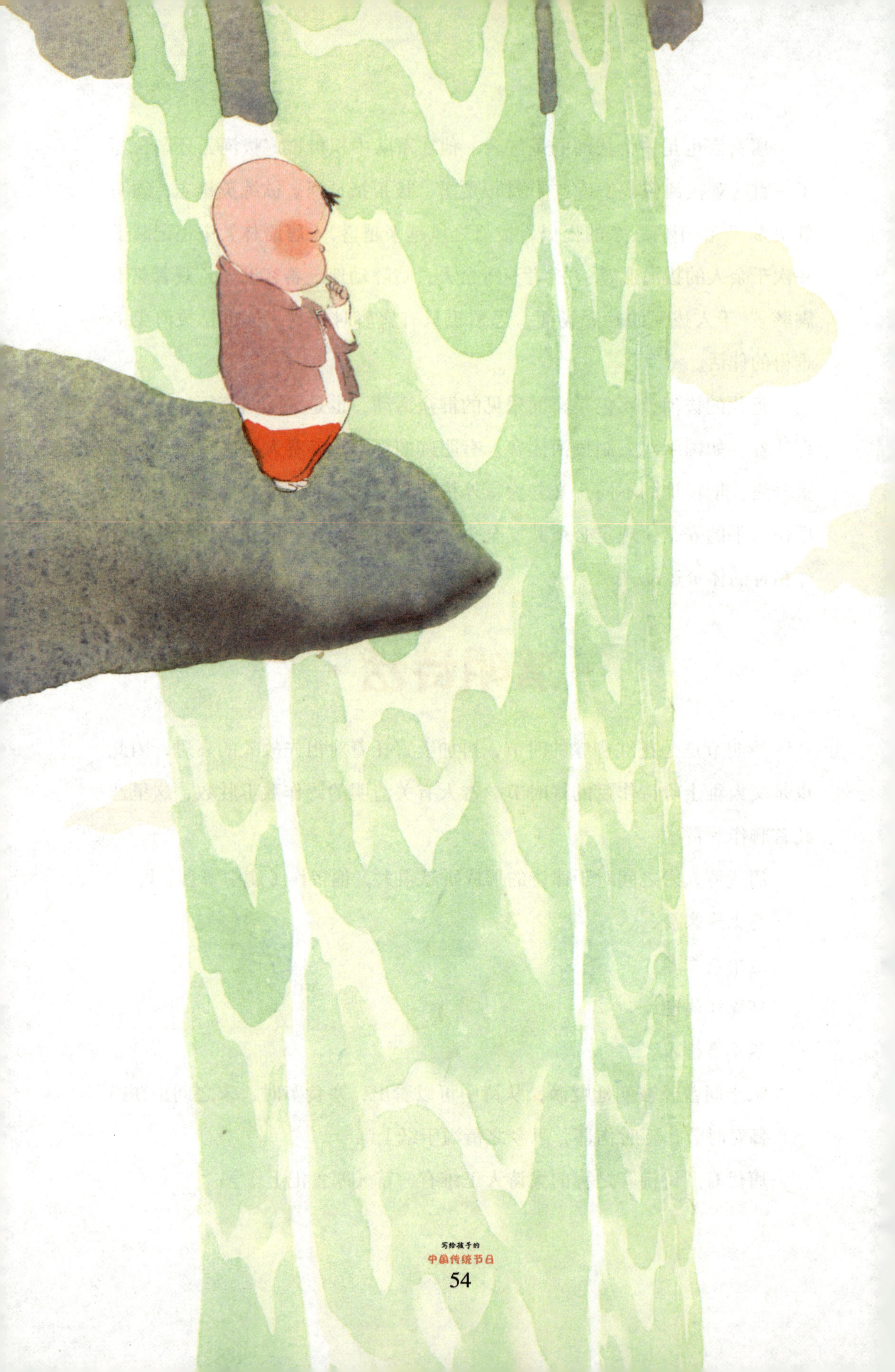

广武城边逢暮春,

汶阳归客泪沾巾。

落花寂寂啼山鸟,

杨柳青青渡水人。

王维的诗,是为诗中有画,画中有诗,如"落花寂寂啼山鸟,杨柳青青渡水人"就是一幅美丽的画面。画面之中同样透着一点冷寂和落寞,感时伤怀,寒食与清明给诗人的感受总有那么一点伤感。

晚唐诗人温庭筠的《清明日》则描写了清明时皇宫周边的景色：

清娥画扇中，

春树郁金红。

出犯繁花露，

归穿弱柳风。

马骄偏僻憾，

鸡骇乍开笼。

柘弹何人发，

黄鹂隔故宫。

温庭筠擅长写女性的心理，那个寂寞的宫娥看着春暖花开，心早就飞过了宫墙。

南宋和尚僧志南有这样一首《绝句》：

古木阴中系短篷，

杖藜扶我过桥东。

沾衣欲湿杏花雨，

吹面不寒杨柳风。

后面两句实在是精彩，不仅对仗好，而且有意境。特别是"吹面不寒杨柳风"一句，后世经常引用，正是写暮春景象的经典诗句。

端午节

蒲酒花升平

节分端午自谁言，

万古传闻为屈原。

堪笑楚江空渺渺，

不能洗得直臣冤。

  这首唐代诗人文秀写的《端午》诗，反映了大多数中国人对端午节起源的认识，即端午节是为了纪念战国时楚国大夫、伟大的爱国诗人屈原。

  屈原（约公元前340～前278年），本名屈平，字原，又字灵均。屈原首先是一位杰出的诗人，他的许多作品在中国文学史上占有重要地位。后人将他的诗辑录成册，同时还辑入少数他人的诗篇，编为《楚辞》。他所创作的诗又称为"骚体"，对后世的诗歌创作产生了深远的影响。

  屈原还是一位有着悲剧色彩的爱国主义诗人。屈原在楚怀王时曾担任左徒、三闾大夫等重要官职。战国时，七国竞雄，秦国最强。面对强秦的政治、军事压迫，屈原主张联合齐国，借六国连横之力，西抗强秦。后来楚怀王听信奸佞之言，中了秦国的离间之计，被骗到秦国做人质，最后客死他乡。楚襄王继位后，不但没有吸取教训，反而更加听信奸佞之言，放逐了忠诚直言的屈原。公元前278年，秦军攻破楚都城郢都，襄王被杀，楚国为秦所灭。屈原得知这一消息后，痛不欲生，投汨罗江自尽。

  传说，屈原投江之日正好是农历五月初五，人们为了纪念这位伟大的爱国诗人，就把这一天定为屈原纪念日。为了祭祀屈原的魂灵，这一天，南方还要划龙舟、吃粽子，并且还要将粽子抛到江里，据说这样鱼就会吃粽子而不会去伤害屈原的身体了。

端午节溯源

古代一般称端午节为端阳节，或端五节、重五节。说端午节起源于纪念屈原，只说对了一部分。端午节的起源自古以来就有种种说法，以下列举除"纪念屈原"之外的一些说法：

越王勾践操练水兵说。宋代高承的《事物纪原·端阳》记载："越地传云，竞渡之事起于越王勾践，今龙舟是也。"当时的越国经常进行水军的作战训练，战舰往来穿梭，以后就发展成龙舟竞渡。

纪念伍子胥说。伍子胥为春秋时吴国的名将，后为吴王夫差赐死。南朝人范晔《后汉书》中说，浙江东部百姓十分怀念伍子胥，每逢五月五日，必沿曹娥江逆流而上，并以歌舞接伍神。

龙图腾说。近代学者闻一多先生在众多的史籍中找出了一百多条史料，证明五月五日为龙的生日，并且是吴越民族举行图腾祭的节日。闻一多先生在《端午考》一文中说，端午节最重要的两项活动——龙舟竞渡和吃粽子，都和龙有关。

恶日说。端午节在农历五月,正是疫病流行的季节,人们称之为"恶月"。《礼记·月令》中说:"(仲夏)是月也,日长至,阴阳争,死生分,君子斋戒,止声色,节嗜欲。"《风俗通义》中说:"五月五日以五彩丝系臂者,辟兵及鬼,令人不病瘟。"《荆楚岁时记》说:"采艾以为人,悬门户上,以禳毒气。"端午喝雄黄酒,悬艾及菖蒲,就是在恶月所采取的预防措施。在这期间,凡事都以安息静养为原则。

夏至说。《后汉书》里说:"仲夏之月,万物方盛,日夏至,阴气萌作,恐物不楙。"须以五色印为门户饰,以惩恶气。端午节又称端阳节,"端阳者,阳气之端点也"。这就是说,端阳是阳气盛极、阴气即将回升的时节,它就是指夏至。明白此义后,端五的真实意义也就不解自通了,端五就是阳气极盛之月的五日。

以上各种说法都有一定的道理,如果综合起来,可以看出端午节有一个发展过程,它的文化内涵是不断积淀起来的。最开始,端午节可能起源于上古吴越先民对龙的崇拜,当时崇拜龙的活动又与恶月恶日辟邪的习俗联系起来,所以,在阴气即将回升的夏至,人们除了划龙舟、吃粽子之外,还要喝雄黄酒、悬艾及菖蒲。在以后的发展中,又增加了一些纪念历史人物的内容,如纪念伍子胥、屈原等,这样,端午节的文化内涵就更为丰富了。

祀神

端午节是一个祭祀诸神的节日,民间所祭之神主要有曹娥、张天师、钟馗,此外,浙江和福建地区还祭祀农神和蚕神。

曹娥是一位真实人物。《后汉书·列女传》云:"孝女曹娥者,会稽上虞人也。父盱,能弦歌,为巫祝。汉安二年五月五日,于县江溯涛婆娑神,溺死,不得尸骸。娥年十四,乃沿江号哭,昼夜不绝声。旬有七日,遂投江而死。至元嘉元年，县长度尚改葬娥于江南道旁，为立碑焉。"后来又传说曹娥投江后，五日负父尸而出。曹娥负尸是二十四孝故事之一。今浙江绍兴有孝女曹娥之墓，其曹娥碑传为东晋王义所书。后人为纪念曹娥之孝，在曹娥投江之处建曹娥庙，她所居住的村镇改名为曹娥镇，曹娥殉父之处定名为曹娥江。浙江地区五月五日有祭祀曹娥的传统，大概是因为她是孝女的楷模，且为东汉时期朝廷所宣传的缘故。

张天师也是端午祭祀的神灵之一。《燕京岁时记·天师符》载："每至端阳，市肆间用尺幅黄纸，盖以朱印，或绘画天师、钟馗之像，或绘五毒、符咒之形，悬而售之。都人士竞相购买，贴之中门，以避祟恶。"张天师真名为张陵，又称为张道陵，后汉沛国丰县人（一说是张良八世孙）。张道陵本来是书生，生性好学，博采五经，精研黄老之道。汉明帝永平二年（59年）曾任江州（今重庆）令，不久即弃官，先后于北邙山（今河南洛阳东）、云锦山（今江西龙虎山）等地修炼。汉顺帝永和六年（141年），张道陵入鹤鸣山（今四川大邑境内）创立了天师道，作道书二十四篇，立二十四治，每治由祭酒分领，俗称五斗米道，为道教的正式形成之始，故称张道陵为祖天师。

端午节还祭祀一位专门捉鬼之神——钟馗。宋代沈括《梦溪补笔谈》记载：唐开元年间，唐玄宗在骊山习武，回宫后得了疟疾，一个多月都没好。忽然在一天晚上梦见两个鬼，一大一小。小鬼跛了一只脚，瞎了一只眼，偷了杨贵妃的紫香袋和玄宗的笛子，绕殿奔逃；大鬼戴帽子，袒露着两臂，脚穿靴，抓住小鬼，挖出眼珠子，将它吃掉。玄宗问大鬼："你是什么人？"回答说："臣下钟馗，来应武举，不中，誓为陛下除天下妖孽。"玄宗梦醒后，病也好了。于是召画工吴道子，让他画钟馗像，印后分赐群臣。这样，民间就形成了以钟馗辟鬼的习俗。《清嘉录》卷五记载："堂中挂钟馗画图一月，以祛邪魅。"直到现在，有些农村还在门上挂钟馗像，用以辟邪。

另外，浙江衢州地区把五月初五视为药王神农的生日，以该日阴晴占卜年成好坏及药材的质量。而浙江湖州地区五月五日过谢蚕神节，祭祀蚕神以祈求蚕茧丰收。

·吃粽子·

吃粽子是端午节的传统风俗。古代粽子又叫角黍、筒粽。这是因为它的形状有棱有角，内包有糯米而得名。最初的粽子是用竹筒贮黍米煮成的，如《续齐谐记》中记载，楚人纪念屈原就是以竹筒贮米投于水中。当时的粽子只是竹筒包裹的糯米饭，还不是现在的粽子。

大约到魏晋之时，人们发现用菰叶把米包起来煮食，具有一种特殊的清香味，而且比竹筒更方便，久而久之便成了今日的粽子。晋代周处的《风土记》载："仲夏端午，烹鹜角黍。"菰叶类似于茭白叶，至今日本还用菰叶包粽子。用芦叶包粽子是明朝时才出现的，芦叶不但光滑不粘米粒，而且还有一种特别的清香味。

唐代时又出现了包裹各种果仁的粽子，据说唐明皇吃了一种"九子粽"后写诗赞道："四时花竞巧，九子粽争新。"宋代还发明了一种"艾香粽子"，是用艾叶浸米包裹的，据说具有辟瘟病的功能。陆游《乙丑重五》诗曰："盘中芙解青菰粽，衰甚犹簪艾一枝。"指的就是"艾香粽子"。

明弘治年间，民间开始用芦叶包粽子。粽子的馅料种类也多了，有蜜糖、豆沙、松仁、枣子、核桃等果料，也有猪肉馅。到清代时，浙江嘉兴一带还出现了火腿粽子。清乾隆年间，林苏门编的《邗江三百吟》中有"火腿粽子"一条，直到现在，嘉兴的火腿粽子还十分有名。

粽子的制作方法很简单，先将粽叶刷洗，将糯米淘洗干净后加馅一块用粽叶包裹起来，用粽叶或线绳绑住，放于水中煮熟，即可食用。粽子的形状多为三角锥形和四角枕头形。在制作方法上，中国的粽子有南北之别，馅有咸甜、荤素之分。江南的粽子，以嘉兴、苏州、宁波等地最负盛名，有鲜肉、豆沙、八宝、鸡肉、火腿等多个品种。如嘉兴粽子，包裹成长方形，从选料、制作到烹煮都有独到之处：米要上等白糯米，肉从猪后腿精选。粽子煮熟后，肥肉的油渗入米内，入口鲜美，肥而不腻。北方则以江米小枣粽子、豆沙粽子为代表。北方的农村中，还有一种黄米粽，吃起来黏韧而清香，别具风味。

其实食粽是一个与防病养生有关的节令食俗。因为粽子一般都是用性味清凉、有芳香味的植物叶子包裹，中国南方用得最普遍的是箬叶，味甘性寒，有清热、止血、解毒、消肿的功效。在南方端午时节气候已略显炎热，此时吃具有清凉解暑功效而又芳香可口的粽子再合适不过了。

◆赛龙舟◆

提起赛龙舟，许多人的脑海中立刻会浮现一幅锣鼓喧天、龙舟你追我赶的热闹场面。过端午节划龙舟在民间极为盛行。例如在湖南洞庭湖、汨罗江，江西九江、高安，湖北秭归等地，一年一度的龙舟竞赛就是当地十分重要的盛事，具有浓郁的地方特色。

赛龙舟，古人称之为"龙舟竞渡"，大约起源于春秋时。《事物纪原·端阳》中认为，龙舟竞渡是起源于越王勾践为了操练水兵而划龙舟。而到了战国时，楚人为了纪念爱国诗人屈原，便把龙舟竞渡和纪念屈原联系起来。汨罗江有这样一个传说：屈原投江之后，当地民众在汨罗江上打捞了三天三夜，也没有找到屈原，原来他的遗体已经顺着江流漂到洞庭湖去了。洞庭龙君得知后，忙请扬子江龙君连夜化雪山之水，引起江水倒流，把屈原的遗体送返汨罗江边，被渔民们捞起葬于玉笥山下。渔民们在汨罗江上打捞屈原遗体便发展成后世的端午节龙舟比赛。

古代的龙舟比赛十分隆重。每逢端午，人们往往倾城而出，来到江边观看。唐代诗人张建封的《竞渡歌》对一千多年前的情景作了生动的描绘：

…………

　　两岸罗衣破晕香，
　　银钗照日如霜刃。
　　鼓声三下红旗开，
　　两龙跃出浮水来。
　　棹影斡波飞万剑，
　　鼓声劈浪鸣千雷。
　　鼓声渐急标将近，
　　两龙望标目如瞬。
　　坡上人呼霹雳惊，
　　竿头彩挂虹蜺晕。
　　前船抢水已得标，
　　后船失势空挥桡。

…………

在江西高安，每年临近农历五月初五，各村便挑选最精壮的小伙做划手，开始紧锣密鼓地准备在端午龙舟盛会上一显身手。端午这天，四邻八乡的百姓们早早便把比赛水面的两岸挤得水泄不通，各路龙舟也从四面八方划向比赛地。每条龙舟上，一律十九对划手，一个在船头领号子，一个打腰旗，一个打鼓，一个拖艄（船尾掌舵）。龙舟有的为黄色，有的为黑色，有的为绿色，在江面上构成一幅五彩缤纷、绚丽壮观的图画。

随着一声令下，龙舟比赛开始了，顿时湖面像煮沸了一般。在锣鼓和鞭炮声的助威下，各条龙舟如离弦之箭般向前冲去。装饰着龙头的竞渡船乘风破浪，犹如蛟龙逐波戏水。只听船上传来有节奏的号子声和锣鼓声，划手们和着号子整齐地划桨，奋力向前，船尾的舵手则不时全身跃起，用脚跺船，以壮声势。再看岸上，人声鼎沸。观众群情振奋，齐声呐喊助阵，跳的，笑的，闹的，或高兴或焦急，投入的程度一点也不亚于龙舟上的赛手们。

比赛结束后，获胜船队的水手们兴高采烈，宛如赢得了奥运会金牌，为本村乡亲争得了荣誉。据说这些小伙子往往能得到姑娘们的青睐，这倒是参加龙舟赛的一份意外收获。这时，龙舟上的小伙们又开始表演。他们从两米高的木架上用各种姿势轮流跳入波光粼粼的水中，惹得观众们不时发出叫好声。

屈原故里秭归的龙舟竞渡有一点与别处不同，它的高潮是在竞渡之后的"游江"活动。"游江"时，七条彩舟在对岸排好队，缓缓地向起点线划来。在歌手的领唱下，七条彩舟上的划手用激昂悲壮的音调，唱起古老的《游江歌》。唱到最后，划手们一边挥舞着彩色的短桨向岸上的人群致意，一边向江里扔用五色丝线捆系的粽子，据说，这样捆系的粽子不会被水中的蛟龙抢走。江面和岸上一片欢呼，热闹非凡。

饮雄黄酒

民间故事《白蛇传》中有这样一个情节：许仙听从金山寺法海和尚的怂恿，偷偷让白素贞喝了雄黄酒，结果在雄黄酒的药力下，白素贞现出了原形，把许仙吓得魂飞魄散。后来，白素贞与小青千辛万苦盗得灵芝草才将许仙救过来。

中国大部分地区端午节有饮雄黄酒的习惯。民间相信，雄黄可解蛇虫蜈蚣之毒，所以，古代的端午家宴上，大人都要饮一点雄黄酒，小孩子则在额头上抹点雄黄，或用雄黄酒写上"王"字，可起消毒解痒、驱虫除秽的作用。

雄黄的确有杀虫解毒的功用。明代李时珍著的《本草纲目》记载："雄黄性味辛温有毒，具有解虫蛇毒、燥湿、杀虫、祛痰功效。"实际上，雄黄酒也是古人消毒用的药物，人们如果被虫蛇叮咬，抹点雄黄酒就能迅速止痒止痛，并且能够解毒。古人还将雄黄泡水洒在房屋内，这样也可以杀虫消毒，预防疾病。

现代化学分析，雄黄内含砷、汞等有害物质，砷进入人体后，日久会损伤肝脏，甚至会导致癌症。因此，端午喝雄黄酒的习俗并不符合人体健康学，即使少量喝也是有害的，但雄黄酒是可以外用的。

悬艾和菖蒲

民谚曰："清明插柳，端午悬艾。"悬白艾、菖蒲是端午节活动的重要内容。据《荆楚岁时记》记载，南北朝以前就有端午节悬艾的风俗，目的是驱除邪气。宋代的《岁时杂记》还记载：端午日出之前，人们成群结队

到野外采艾或菖蒲，带回来悬在门上，还有人将菖蒲刻成"小人儿""小葫芦"等形状，用五彩线做成装饰品，拴在小孩的脖子上。有的人把艾草编成虎形，或剪彩绸为小虎形状，粘上艾叶，挂在头发上或佩在胸前。当时，人们称菖蒲与艾叶为"蒲剑艾虎"。

　　艾，又名家艾、艾蒿，是一种药用植物，它的茎叶都含有挥发性芳香油，可祛寒湿，点燃后可驱蚊蝇、虫蚁，净化空气。以艾入药，有理气血、祛寒湿等的功能。艾叶油有平喘、镇咳、祛痰等作用。将艾叶加工成艾绒，是艾灸法治病的重要药材。

　　菖蒲是多年生水生草本植物，它的叶也含有挥发性芳香油，有提神通窍、健骨消滞、杀虫灭菌的作用。用菖蒲的根茎入药，能治痰厥昏迷等症。

明朝时，人们开始用菖蒲泡酒喝。冯梦龙的《警世通言》卷七"陈可常端阳仙化"中，灵隐寺和尚陈可常端午节到郡王府做客，并应郡王夫人之请，作了一首《粽子词》："包中香黍分边角，彩丝剪就交绒索。樽俎泛菖蒲，年年五月初。主人恩义重，对景承欢宠。何日玩山家，葵蒿三四花！""樽俎泛菖蒲"就是指酒器中飘着菖蒲叶。

清代潘荣陛《帝京岁时纪胜》还载有制作菖蒲酒的方法："五日，午前细切蒲根，伴以雄黄，曝而浸酒。"李时珍的《本草纲目》记载了菖蒲酒的功用："菖蒲酒，治三十六风，一十二痹，通血脉，治骨痿。久服耳目聪明。"可见菖蒲酒有一定的医疗和预防疾病作用。

斗百草之戏

相传唐代的李邕（北海太守，人称李北海）听说崔颢的诗名，便邀他来做客。崔颢至后献诗曰："十五嫁王昌，盈盈入画堂。自矜年最少，复倚婿为郎。舞爱前谿绿，歌怜子夜长。闲时斗百草，度日不成妆。"李北海见崔颢写此闺阁诗，斥之"小儿无礼"，挥袖而去。不管方正古板的李邕如何看，崔颢这首诗把少妇的闺阁生活写得趣味十足，其中还写了斗百草的游戏。

斗百草的习俗由来已久。《荆楚岁时记》载："五月五日，四民并踏百草，又有斗百草之戏。"《吴中记闻》甚至记载：春秋末年，吴王与西施在宫中玩斗百草，玩得津津有味。可见，端午那一天，上至宫廷显贵，下至民间小儿都爱玩斗百草的游戏。斗百草是如何玩法呢？《红楼梦》第六十二回有非常具体的描写：

外面小螺和香菱、芳官、蕊官、藕官、豆官等四五个人，都满园中顽了一回，大家采了些花草来兜着，坐在花草堆中斗草。这一个说："我有观音柳。"那一个说："我有罗汉松。"那一个又说："我有君子竹。"这一个又说：“我有美人蕉。”这个又说：“我有星星翠。”那个又说：“我有月月红。”这个又说：“我有《牡丹亭》上的牡丹花。”那个又说：“我有《琵琶记》里的枇杷果。”豆官便说：“我有姐妹花。”众人没了，香菱便说：“我有夫妻蕙。”豆官说：“从没听见有个夫妻蕙。"香菱道：“一箭一花为兰，一箭数花为蕙。凡蕙有两枝，上下结花者为兄弟蕙，有并头结花者为夫妻蕙。我这枝并头的，怎么不是。”……

　　此段描写既生动又文采斐然，还有不少植物知识。这就是斗百草之戏中的文斗，比双方知道花名的多少，而且还要善于对答，且上下句要对仗。这种文斗考的是玩者的文学素养和应对的能力，为文人雅士所爱好。斗百草的武斗可以两人玩，也可以多人依次玩。首先在园子里找一种"打官司草"，每人各持一根草梗，两相交叉，然后用力拉，谁先断谁就败。败者再换一根草斗，以三局二胜决出胜负。

·端午诗话·

　　端午节也是一个引人诗兴的节日，为此，古代的诗人也留下了不少优秀诗篇。

　　端午诗中，诗人大多都会为屈原的冤死鸣不平，如北宋诗人张耒的

《和端午》：

> 竞渡深悲千载冤，
>
> 忠魂一去讵能还。
>
> 国亡身殒今何有，
>
> 只留离骚在世间。

诗中深悲屈原之忠魂，并且肯定屈原的大作《离骚》永存世间，为后人敬仰。

另外，也有诗人借端午抒发乡愁的，如北宋诗人朱松的《重五》：

异乡逢午节，卧病此衰翁。

竹笋迸新紫，榴花开小红。

山深人寂寂，气润雨蒙蒙。

煮酒无寻处，菖蒲在水中。

端午节时，诗人还在异乡，并且在山中，连煮酒都找不到地方，心情可想而知。但诗中写景十分清新，带着一种南方山林的雨润，与杜甫"晓看红湿处，花重锦官城"的意境有异曲同工之妙。

中秋节

千里共婵娟

明月几时有,把酒问青天。不知天上宫阙,今夕是何年。我欲乘风归去,又恐琼楼玉宇,高处不胜寒。起舞弄清影,何似在人间?

转朱阁,低绮户,照无眠。不应有恨,何事长向别时圆。人有悲欢离合,月有阴晴圆缺,此事古难全。但愿人长久,千里共婵娟。

这是宋代大文学家苏轼作的一首《水调歌头》,借中秋明月,抒发了怀念亲人之情,文采和意境都是词中上品,特别是最后一句:"但愿人长久,千里共婵娟。"不知勾起了古今多少人的万千思绪。

农历八月十五的中秋节,既是有人情味的节日,又是一个诗意盎然的节日。面对着天上的皓月,古人的想象力是那样丰富——"嫦娥奔月""吴刚伐桂""玉兔捣药",意境是那样的清空、超越,给人以无限的遐思和美感。

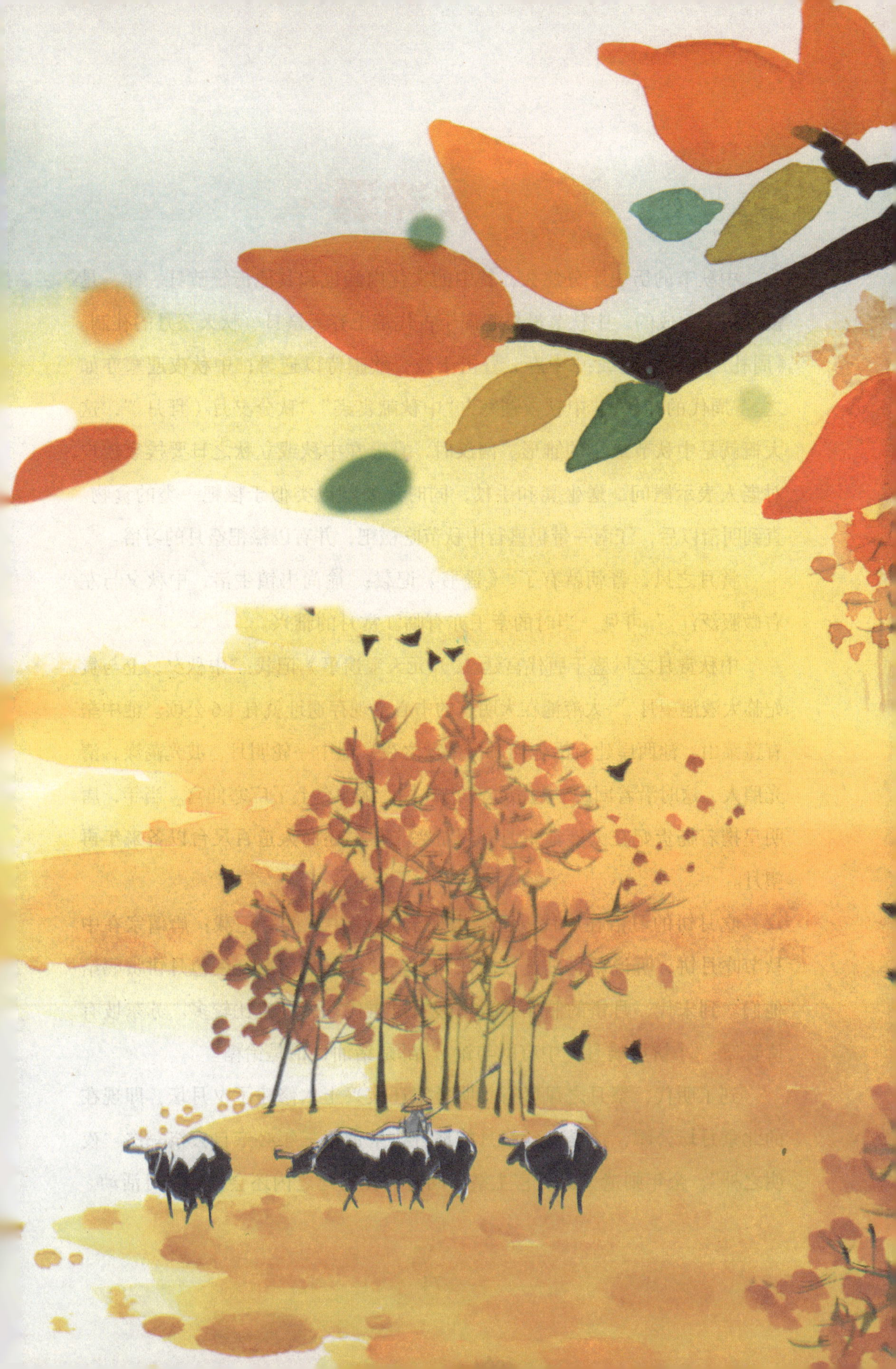

中秋溯源

中秋节的历史十分悠久,其中的文化内涵也和其他传统节日一样,是慢慢积淀而成的。中秋节最早起源于古代帝王春天祭日、秋天祭月的礼制。《周礼·春官》记载:"中春,昼击土鼓,龡豳诗以逆暑;中秋夜迎寒亦如之。"周代的礼仪,"中秋夜迎寒""中秋献良裘""秋分夕月(拜月)",这大概就是中秋节最早的雏形。两汉时,官府在中秋或立秋之日要挨家挨户对老人表示慰问,送坐凳和手杖,同时还要赠以类似于糍粑一类的食物。直到明清以后,江南一带仍盛行中秋节吃糍粑,并有以糍粑祭月的习俗。

赏月之风,晋朝就有了。《晋书》记载:"谕尚书镇牛渚,中秋夕与左右微服泛江。"可见,当时的帝王亦有临江赏月的雅兴。

中秋赏月之风盛于唐代宫廷。《开元天宝遗事》记载:"中秋夕,上与贵妃临太液池望月。"太液池在大明宫的中心,现存遗址就有1.6公顷。池中垒有蓬莱山,池西岸建有沿池回廊。中秋之夜,池中一轮明月,波光荡漾,清光照人,这时沿着回廊一边散步一边赏月,犹如登上了广寒仙宫。当年,唐明皇携着杨贵妃在太液池赏月,因游兴未尽,还命人造百尺台以备来年再望月。

吃月饼的习俗在唐代就已经出现了。《洛中见闻》记载:唐僖宗在中秋节吃月饼,听说新科进士在曲江开宴,便命御膳房用红绫包月饼赏赐给他们。到宋代,月饼的制作水平远远超过唐代,品种也比较多。苏东坡有诗赞曰:"小饼如嚼月,中有酥与饴。"酥是猪油,饴是饴糖。

到了明代,祭月之风盛行。明世宗还大兴土木修建了夕月坛,即现在的北京月坛公园,这是宫廷祭月的地方,皇帝每三年必亲自去祭一次"夜明之神",余年则遣文武百官主祭。同时,在宫廷之内还会举行祭月活动。

中秋节的传说

关于中秋节的来历，还有一些民间传说。传说本身虽然不是历史事实，但也是中秋节所积淀的文化内涵，就如同文学创作一样，具有一定的审美功能。

传说之一——嫦娥奔月

嫦娥的原型可追溯到《山海经·大荒西经》："有女子方浴月，帝俊妻常羲，生月十有二，此始浴之。"古音读"羲"为"娥"。因此，常羲又作嫦娥。《淮南子·览冥训》记载："羿请不死之药于西王母，恒娥窃以奔月，怅然有丧，无以续之。"古籍中的记载比较简略，但民间的传说却有完整的情节：

相传，远古时天上有十日同时出现，晒得庄稼枯死，民不聊生，后来英雄后羿登上昆仑山顶，运足神力，拉开神弓，射下九个太阳，并严令最后一个太阳按时起落，不得有误。

后羿有一个美丽善良的妻子，名叫嫦娥。一天，后羿到昆仑山拜访王母娘娘，向王母求得一包不死药。后羿将不死药交给嫦娥小心保存在百宝匣里。三天后，后羿率众徒外出狩猎，他的弟子逢蒙乘机持剑闯入内宅，逼嫦娥交出不死药。嫦娥转身打开百宝匣，将不死药一口吞了下去。嫦娥吞下药，身子立时飘离地面冲出窗口，向天上飞去，一直飞到寂寞的月宫。

后羿回家知道后，悲痛欲绝，仰天长呼。然而，事已至此，悲痛的后羿只能在后花园里摆上香案，放上嫦娥平时最爱吃的蜜食鲜果，遥祭月宫里的嫦娥。从此，中秋节拜月的风俗便在民间传开了。

传说之二——吴刚伐桂

《山海经·海内经》记载:"炎帝之孙伯陵,伯陵同吴权之妻阿女缘妇,缘妇孕三年,是生鼓、延、殳。"吴权即为吴刚,西河人。相传炎帝之孙伯陵趁吴刚离家学仙道,与吴刚的妻子缘妇私通,还生了三个儿子。吴刚回来后怒杀伯陵,因此惹怒炎帝,将吴刚发配到月亮上,罚他砍伐桂树。唐代的《酉阳杂俎》载:"旧言月中有桂有蟾蜍,故异书言,月桂高五百丈,下有一人常斫之,树创随合。人姓吴刚,西河人,学仙有过,谪令伐树。"这当然又是一个神话,桂树随创随合,实际上是罚吴刚做这种无休无止的劳役。

钱塘江望月观潮

浙江杭州有去钱塘江望月观潮的习俗。钱塘观潮起源于汉魏六朝,而风气之盛,则以南宋为最。《梦粱录》和《武林旧事》都记载,观潮从农历八月十一日开始,终于二十日。当时,杭州江干区沿江一带,豪门贵族都搭着彩棚观潮台,绵延三十余里,从庙子头到六和塔,家家楼屋坐满看潮人。先是水师乘战舰操演,施放五色烟炮。等炮息烟散,只见远近银光一线,潮水奔腾而来。此时,郡守依照惯例,以三牲、香烛祭拜"潮神",接着数万名披发赤身的"弄潮儿"出现,有的手举大幅彩旗,有的撑着红绿水伞,也有的脚踏滚木或玩水傀儡戏,跃入江中,翻涛踏浪,各显神通。宋词人潘阆词曰:"弄潮儿向涛头立,手把红旗旗不湿。"形象地描绘了"弄潮儿"在惊涛骇浪中"戏水"的场面。

传说之三——朱元璋起义

此传说与中秋节吃月饼有关。元朝末年，中原人民不堪忍受元朝的残酷统治，纷纷酝酿起兵抗元。元至正十三年（1353年），张士诚在江苏高邮起义，为了秘密联络众人，他在月饼中夹着起义的通知，告诉各路人马共同在中秋节举事。后来，此事被民间传为朱元璋在发动起义时，为避官府的严密搜查，采用军师刘伯温的妙计，命令属下把写有"八月十五夜起义"的纸条藏入月饼里面，再派人分头传送到各地起义军中。到了八月十五那天，各路义军一齐响应，起义军如星火燎原。很快，徐达就攻下元大都，起义成功的消息传来，朱元璋高兴得连忙下口谕，在即将来临的中秋节，将当年用以传递信息的"月饼"作为节令糕点赏赐群臣。此后，民间也将月饼作为中秋节的馈赠佳品。

赏月

《唐逸史》记载了一个美妙的传说：

罗公远，鄂州人，开元中中秋夜侍明皇于宫中玩月。奏曰："陛下能从臣月中游否？"乃取桂枝向天空掷之，化为大桥，其色如银，请帝同登。约行数十里，寒气袭人，遂至大城阙。公远曰："此月宫也。"见仙女数百，皆素练霓裳，舞于广庭。帝问曰："此何曲也？"曰："霓裳羽衣曲也！"帝密记其声调而回。却顾其桥，随步而灭。旦召令官，依其声作《霓裳羽衣》之曲。

这段传说美妙而令人神往，同时也说明赏月之风盛行于唐代宫廷。

北宋时赏月之风更为普遍，中秋之夜，歌楼酒肆，市井坊间，到处都是赏月宵夜的人群。《东京梦华录》记载："中秋夜，贵家结饰台榭，民间

小时不识月，
呼作白玉盘。

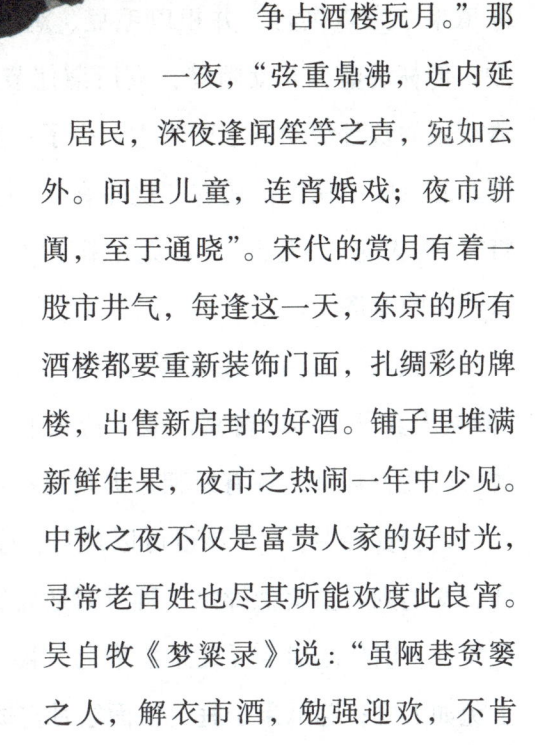

争占酒楼玩月。"那一夜,"弦重鼎沸,近内延居民,深夜逢闻笙竽之声,宛如云外。闾里儿童,连宵嬉戏;夜市骈阗,至于通晓"。宋代的赏月有着一股市井气,每逢这一天,东京的所有酒楼都要重新装饰门面,扎绸彩的牌楼,出售新启封的好酒。铺子里堆满新鲜佳果,夜市之热闹一年中少见。中秋之夜不仅是富贵人家的好时光,寻常老百姓也尽其所能欢度此良宵。吴自牧《梦粱录》说:"虽陋巷贫窭之人,解衣市酒,勉强迎欢,不肯虚度。此夜天街卖买,直至五鼓,玩月游人,婆娑于市,至晓不绝。"

明清两朝的赏月活动,仍旧盛行不衰。田汝成《西湖游览志余》记载了杭州西湖赏月的景象:"是夕,人家有赏月之宴,或携柏湖船,沿游彻晓。苏堤之上,联袂踏歌,无异白日。"你看,富贵人家登上西湖的游船,边赏月边饮宴,的确是有钱人的享受;那些年轻人,却成群结队而来,在苏堤上唱着歌,一起游乐,夜里如同白日一般。北京城的赏月又是另一番景象,富察敦崇《燕京岁时记》载:"每届中秋,府第朱门皆以月饼果品相馈赠。至十五月圆时,陈瓜果于庭以供月，并祀以毛豆、鸡冠花。是时也，皓魄当空，彩云初散，传杯洗盏，儿女喧哗，真所谓佳节也。唯供月时男子多不叩拜。"大概京城的赏月活动以家中为主，少了一些商业味，多了一分合家团聚的热闹。北京的中秋民俗还有"烧斗香""走月亮""放天灯""树中秋""点塔灯""舞火龙""曳石""卖兔儿爷"等，一直到今天，有些地方还能看到这些民间遗俗。

中秋除了赏月，还有拜月之俗。宋代金盈之的《新编醉翁谈录》载："倾城人家子女不以贫富，能自行至十二三，皆以成人之眼眼饰之，登楼或中庭焚香拜月，各有所朝；男则愿早步蟾宫，高攀仙桂……女则愿貌似嫦娥，圆如皓月。"小孩也可以拜月，愿望也很简单，男的无非是登科出仕，女的则希望美似嫦娥。拜月时还要置玉兔之符，因为蟾宫玉兔是幸福的象征。明代陆启浤《北京岁华记》载："中秋夜，人家各置月宫符象，符上兔如人立；陈瓜果于庭，饼面绘月宫蟾兔；男女肃拜烧香，旦而焚之。"

吃月饼

唐代有这样一个传说：唐高祖李渊为征讨北方突厥，派大将李靖率部出征。李靖打败突厥后，于八月十五这天班师回朝。胜利之日，京都长安城内外鸣炮奏乐，军民通宵狂欢。当时有个在长安做生意的吐蕃人，特地向皇上献圆饼祝捷。唐高祖大喜，接过饼，指着悬挂天空的明月吟诗曰："应将胡饼邀蟾蜍。"随后，将圆饼分给了文武百官。据说，这就是最早的月饼。另外还有一个传说：有一年中秋之夜，唐玄宗和杨贵妃在太液池赏月吃胡饼，唐玄宗嫌"胡饼"名字不好听，杨贵妃仰望皎洁的明月，随口说，那就叫"月饼"好了。从此"月饼"的名称便在民间逐渐流传开来。

吃月饼的习俗虽然出现在唐代，但"月饼"一词，最早出自南宋吴自牧的《梦粱录》。《梦粱录》记载的是北宋之事，所以，吃月饼的习俗很可能在北宋以后才普遍出现。

民间相互馈赠月饼的习俗在明清时盛行。明代的《西湖游览志会》记载："八月十五日谓之中秋，民间以月饼相遗，取团圆之义。"明代还出现了造型月饼，匠人把嫦娥奔月的造型印在月饼的面皮上，给月饼增加了艺术元素。到了清代，月饼的制作越来越精细，出现了一些做月饼的名作坊。富察敦崇的《燕京岁时记》载："中秋月饼，以前门致美斋者为京都第一，他处不足食也。呈供月月饼到处皆有。大者尺余，上绘月宫蟾兔之形。"清代诗人袁景澜还写了一首颇长的《咏月饼诗》："……入厨光夺霜，蒸釜气流液。揉搓细面尘，点缀胭脂迹。戚里相馈遗，节物无容忽……儿女坐团圆，杯盘散狼藉。"可见，当时月饼的制作工艺之精细考究。

如今的月饼制作更为精美，且品种繁多。就口味而言，有甜味、咸味、咸甜味、麻辣味等；从馅料分，有五仁、豆沙、冰糖、芝麻、火腿等。按饼皮分，则有浆皮、混糖皮、酥皮三大类；就造型而论，又有光面月饼、花边月饼和孙悟空、老寿星月饼等。就产地而言，全国月饼可分京、津、广、苏、潮五大类，花色近似，但风味却迥然不同：京津月饼以"素"字见长，油与馅都是素的；广式月饼轻油而偏重于糖；苏式月饼则取浓郁口味，油糖皆注重，且偏爱于松酥；潮式月饼身较扁，饼皮洁白，以酥糖为馅，入口香酥。其他如云南的"滇式月饼"、宁波的"宁式月饼"、上海的"沪式月饼"、厦门的"庆兰月饼"、福州的"伍仁月饼"、西安的"德懋恭"水晶月饼、哈尔滨的"老鼎丰"月饼、扬州的"黑麻月饼"、绍兴的"干菜月饼"、济南的"葡萄软馅"月饼和"水晶豆蓉"月饼，都是著名品牌，风味特点各有千秋。

送瓜求子

送瓜求子是中秋民俗活动的重要项目,据文献记载,我国南方的江苏、浙江、湖北、湖南、贵州、广东等省都有送瓜求子的习俗,最早见于北宋。《东京梦华录》卷八载:"八月秋社……人家妇女皆归外家,晚归,即外公、姨舅,皆以新葫芦儿、枣儿为遗。"葫芦籽多,历来民间取其谐音,象征人畜兴旺,五谷丰收,子孙繁衍,绵延不绝。民间还流传着"葫芦生人"和"人从葫芦出"的传说。如傣族传说:有夫妇俩在地里种了葫芦,他们辛勤地浇水,一年以后,葫芦藤上结出一个小葫芦。后来,葫芦越长越大,大得和人一样大。他俩用刀轻轻地划开一个小口,葫芦里面的人就从这个口子里冲出来,四处乱跑。

葫芦谐音"福禄",古人认为它有驱灾辟邪、祈求福泽的作用,因此将其视为吉祥物。民间往往在屋梁下悬挂着葫芦,称之为"顶梁",这样居家会平安顺利。还有比较讲究的,则用红绳线穿绑五个葫芦,挂在门上,称为"五福临门"。

中秋不仅送葫芦,还有送冬瓜的。《清稗类钞》"食瓜求子"条记载:"中秋夕,徽州有送瓜之俗,凡娶妇而数年不育者,则亲友必有送瓜之举。先数日,于菜园中窃冬瓜一个,须不使园主知,以彩色绘人之面目,衣服裹其上,举年长者抱之,鸣金放炮,送至其家。年长者置冬瓜于床,以被覆之,口中念曰:'种瓜得瓜,种豆得豆,受瓜者则须设盛宴款之,若喜事然,妇得瓜则剖食之。"徽州的这一风俗,又带有一些民间巫术的形式。清代梁绍壬《两般秋雨盦随笔》卷四记载:"鸠兹俗,女伴秋夜出游,各于瓜田摘瓜归,为宜男兆,名曰'摸秋'。"

在民间艺术中,瓜也被看作是与生殖有关的神圣之物。如民间剪纸

《金瓜生子》《金瓜娃娃》《盘中金瓜》《佛手金瓜娃娃》《石榴金瓜娃娃》等，就是取瓜能生子的寓意。

玩兔儿爷

提起中秋节玩兔儿爷，老北京人有一种怀旧的眷念。这一习俗起源于明代，很可能与古代祭月和"月中玉兔"的传说有关系。

传说吴刚谪月后，其妻内心负疚，就叫最小的两个孩子飞奔月亮，陪伴他们名义上的父亲，这就是月宫玉兔的来历。古时人们过中秋必祭月神，月神的形象除了嫦娥以外就是玉兔，北京地区玩兔儿爷的习俗大概就源于此。

明清时代的北京地区，每当中秋节的黄昏，一轮明月高挂天边，每家每户就在庭院中设一香案，中间放置"月光马儿"和"兔儿爷"，再摆上月饼、水果等供品，点上香后，女人一一向月而拜。祭毕，一家人围桌而坐，饮团圆酒，吃团圆饼。到第二天，被祭过的"兔儿爷"就成了孩子们的玩具。

《帝京景物略》记载："八月十五日祭月，其祭果饼必圆；分瓜必牙错瓣刻之，如莲华。纸肆市月光纸，绘满月像，趺坐莲华者，月光遍

照菩萨也。华下月轮桂殿,有兔持杵而人立,捣药臼中。约小者三寸,大者丈,致工者金碧缤粉。"这里所说的"月光纸",就是绘有月神和月宫的纸,为中秋节祭月之用。那个形似兔又如人立的,就是"兔儿爷"。

后来,作为祭月供品的"兔儿爷"便成了儿童们的绝妙玩具,并且满大街都有卖。《燕京岁时记》也有记载:"每届中秋,市人之巧者,用黄土抟成蟾兔之像以出售,谓之兔儿爷。"旧时北京东四牌楼一带,常有兔儿爷摊子,专售中秋祭月用的兔儿爷。作为玩具的兔儿爷,经过民间艺人的大胆创造,已经人格化了。它是兔首人身,手持玉杵。后来有人仿照戏曲人物形象,把兔儿爷雕造成穿戴金盔金甲的武士,有的骑着狮、虎、象等猛兽,有的骑着孔雀、仙鹤等飞禽。还有一种肘关节和下颔能活动的兔儿爷,俗称"吧嗒嘴",更讨人喜欢。

民间的剪纸中还有兔儿爷的形象,有些下面还剪有汉字:"月中桂,兔儿爷,捣药保平安。"可见祭兔儿爷的目的是为祈求平安。

中秋诗话

中秋不仅有着赏月那样的诗意,也有着亲人和爱人团聚的情感内涵。中秋之夜,月亮最亮最圆,月色也最美好,人们望着玉盘般的明月,自然会想起家人和爱人。独在异乡的旅人,也会借着赏月寄托自己对故乡和亲人的思念之情。这种情思可见唐代诗人张九龄的《望月怀远》:

海上生明月,天涯共此时。

情人怨遥夜,竟夕起相思。

灭烛怜光满,披衣觉露滋。

不堪盈手赠,还寝梦佳期。

"海上生明月,天涯共此时"是张九龄诗作中流传千古的佳句。这是只有月圆之夜才能生出的情思，难怪人们又把中秋节称为"团圆节"。

再来看这首杜甫的《月夜忆舍弟》：

戍鼓断人行，边秋一雁声。

露从今夜白，月是故乡明。

有弟皆分散，无家问死生。

寄书长不达，况乃未休兵。

杜甫和李白都是中国文学史上具有重要地位的诗人，相比于李白的自然飘逸，杜诗则以沉郁的情感内涵见长。此诗不仅寄托了对兄弟的情思，而且深怀着对国破家亡的忧虑。

有"小李白"之称的李商隐，因不慎卷入了"牛李党争"，潦倒终生。其诗风寓意隐晦，但这首《霜月》诗倒写得通俗易懂：

初闻征雁已无蝉，

百尺楼高水接天。

青女素娥俱耐冷，

月中霜里斗婵娟。

青女与素娥都是古代传说中的神女，也是李商隐常写的题材。诗的最后两句写两个神女在月宫中游戏，趣味盎然。

以月圆为题材的词，写得最好的当然是苏轼的《水调歌头》。论文采与意境，此词堪称千古绝唱。苏轼还有一首《中秋见月和子由》也写得不错：

（节选）

明月易低人易散，

归来呼酒更重看。

堂前月色愈清好，

咽咽寒螀鸣露草。

卷帘推户寂无人，

窗下咿哑唯楚老。

南都从事莫羞贫，

对月题诗有几人。

此诗情调有些低沉，大概是苏轼被贬南方时所作，穷困潦倒，但依然不失文人雅兴。这就是传统文人的精神，所谓"穷且益坚，不坠青云之志"。

重阳节

遥知兄弟登高处

独在异乡为异客，

每逢佳节倍思亲。

遥知兄弟登高处，

遍插茱萸少一人。

唐代诗人王维的这首《九月九日忆山东兄弟》历来为人们所传颂，诗中"独在异乡为异客，每逢佳节倍思亲"两句所流露的思乡之情感人泪下。诗中写到了重阳节最主要的两个习俗：登高和插茱萸。

明代冯梦龙的《喻世明言》卷十六"范巨卿鸡黍死生交"讲述了一个有关重阳节的故事，感人至深：汉明帝时，有汝州人张劭和楚州人范式（字巨卿）同往洛阳应试，两人结为兄弟。分别时正好重阳节，于是范巨卿约定来年重阳节往张劭家登堂拜母，张劭则约定设鸡黍村酒款待。一年后，重阳节那天，张劭早起洒扫庭堂，插好菊花，焚香，杀鸡备酒，专等范巨卿到来。张劭从早上一直等到红日西沉，屡次出门张望，也不见范巨卿，其母劝他说，莫非范郎不会来了。张劭却认定，范为信义之士，不会失约。结果，等到三更时分，月亮都没了，范巨卿果然前来履约。但范巨卿不吃也不喝，只是对着张劭流泪。原来，范巨卿耽于生计，误却了履约的时间，千里之遥无法赶来赴约，竟自杀以阴魂赴约。随后，张劭赶到楚州悼念，正好赶上范巨卿入殓，张劭也自杀以殉义兄。

范巨卿、张劭二人的重约，真有些不可思议。这个故事似乎编得有些夸张，不过，从中我们不难看出，重阳节的确是一个重情义的节日。古人对重阳节有着一种特殊的感情，九九重阳日，人们登高望远，饮菊花酒、吃重阳糕、佩茱萸，其中寄寓了浓浓的乡愁和亲情。宋李清照词曰"佳节又重阳"，一个"又"字，不知牵动了多少人的情怀。

重阳节溯源

农历九月九日为重阳节,为什么称为"重阳"呢?《易经》中,九为阳数,六为阴数,两九相重为"重九",日月并阳为"重阳"。古人认为,重阳日金秋送爽,丹桂飘香,是一年中的吉日。屈原的《远游》中有"集重阳入帝宫兮,造旬始而观清都"的句子,说明战国时的人们就已把重阳当作吉日了。

从吉日又伴生出种种习俗大约是在汉代。《西京杂记》记载:汉高祖刘邦的爱妾戚夫人被吕后逼死后,戚夫人侍女贾佩兰也被驱逐出宫,嫁给扶风人段儒,闲谈时曾谈到,宫内九月九日佩茱萸,食蓬饵,饮菊花酒,令人长寿。这说明,过重阳节的习俗早在西汉时就有了。东汉末年,魏文帝曹丕在《九日与钟繇书》中说:"岁往月来,忽复九月九日。九为阳数,而日月并应,俗嘉其名。"九九谐音"久久",故"俗嘉其名",说明重阳吉日很可能已成为民间普遍的节日了。

那么,重阳节登高的习俗又是如何产生的呢?《续齐谐记》记载了这样一个传说:

汝南桓景随费长房游学累年,长房曰:"九月九日,汝家中当有灾,宜急去,令家人各作绛囊,盛茱萸以系臂,登高,饮菊花酒,此祸可除。"景如言,齐家登山。夕还,见鸡犬牛羊一时暴死。长房闻之曰:"此可代也。"今世人九日登高饮酒,妇人带茱萸囊,盖始于此。

据《后汉书·方术列传》记载,费长房在历史上确有其人,为东汉方士。传说他从壶公学仙,未成辞归,能医众病,鞭笞百鬼,驱使社公。后失其符,为众鬼所杀。这一传说虽然有些神异怪诞,但古人总是信其有不信其无，于是口耳相传，这就形成了后世重阳节登高的习俗。

在古代，重阳节还是妇女的休息日。晋干宝《搜神记》记载：淮南全椒县有一位丁氏，嫁给同县姓谢的大户，其婆婆十分狠毒，常常虐待丁氏，强迫她干繁重的家务，稍不如意则遭打骂。后来丁氏忍受不了，就在重阳节悬梁自尽了。丁氏死后冤魂不散，附在巫祝身上说："做人家媳妇的，每天操劳辛苦，重阳节当天，请婆家不要让她们再劳作了。"所以江南人每逢重阳日，都让妇女休息，叫作"休息日"。古代还为丁氏立宗祠，称为"丁姑祠"。从此，每逢重阳节，父母还要把嫁出去的女儿接回家吃花糕。在明代，甚至称重阳节为女儿节。

登高

重阳节的主要活动是登高。在西汉时，登高只是登上高台。西汉时的长安近郊垒有高台，每逢佳节或者天气晴朗之日，人们都喜欢登上高台游玩观景。到了三国和晋代，登台则变为了登山。重阳节最早的登山记载，可见于《陶渊明集》卷六《晋故西征大将军长史孟府君传》：

君色和而正，温甚重之。九月九日，温游龙山，参佐毕集。……时佐吏并著戎服，有风吹君帽堕落，温目左右及宾客勿言，以观其举止。君初不自觉，良久如厕。温命取以还之，廷尉太原孙盛为谘议参军，时在坐，温命纸笔，令嘲之。文成示温，温以著坐处。君归，见嘲笑而请笔作答，了不容思，文辞超卓，四座叹之。

孟嘉是晋朝征西大将军桓温的参军，乃一介文人。他随桓温在重阳日游龙山，帽子吹落后而不自知。乘孟嘉上厕所方便时，桓温命孙盛写几句话放在孟嘉的坐处嘲弄他。孟嘉回来从容以对，文辞超卓，令周围的人叹服不已。如此可见，当时登山的心情十分愉快，上下级之间还开些玩笑，并以文辞酬答，大家虽然戎装相向，但却风雅得很。

唐代时，重阳登高是民间的一项普遍活动。大家最愿意去的地方，是长安西南的乐游原。乐游原地势较高，四望宽敞，登其上可以眺望长安全城。乐游原在秦代叫作宜春苑，汉宣帝神爵三年（前59年）在这里修筑乐游庙，所以人们便改称为乐游原或乐游苑。唐武后长安年间，太平公主在此建造亭阁，成为当时的游览胜地。每逢三月三日上巳节、九月九日重阳节，长安仕女多到此登高游览。著名的诗人李商隐曾作《乐游原》一诗："向晚意不适，驱车登古原。夕阳无限好，只是近黄昏。"

唐朝的皇帝在重阳节还登慈恩寺的大雁塔。《旧唐书·李适传》载："凡天子游幸，秋登慈恩浮图，献菊花酒称寿。"大雁塔为方形楼阁式砖塔，唐代建有十层，约七十米高。秋高气爽之际，天子登上高塔，近则鸟瞰长安全城，远则眺望终南山之远景。除了游玩以外，臣下还献菊花酒称寿，真

王勃重阳作《滕王阁序》

《旧唐书·王勃传》记载，有一年，王勃往南方探视父亲，于九月九日路过南昌，正赶上洪州牧阎伯屿正在重修一新的滕王阁中宴请宾客。酒酣宴热之际，阎公拿出准备好的纸笔请众人为重修的滕王阁作序，一时无人敢应，只有不知人情的少年王勃接过纸笔就写。

阎公原意是想让女婿吴子章来写，借机当众夸耀女婿的才学，但见王勃抢先而作大为不快，即命人看着王勃写。谁知王勃才气不凡，文思泉涌，文章越写越精彩，当写到"落霞与孤鹜齐飞，秋水共长天一色"时，阎公也忍不住拍手叫好，王勃从此一举成名。

是乐而忘返。

明清时，重阳节登高也十分盛行。不过，北京地处平原，除非长途跋涉，近处可登的山并不多。开始，老百姓登山以登阜成门外五塔寺和左安门内法藏寺为多，到晚清时，则以登陶然亭、蓟门烟树、八大处等为多。登高是一种野外活动，每逢九月秋高气爽，人们登临高处，饱览秋景，心旷神怡，的确是陶冶性情、增强体质的好活动。

佩戴茱萸

古人重阳插茱萸之风盛行。茱萸是一种药用植物，以产于吴地（今江浙一带）的茱萸质量最好，所以又叫吴茱萸，也叫越椒。《本草纲目》中说，茱萸性温热，其味香烈，有驱虫、除湿、逐风邪、利五脏等功用。汉代时，古人喜欢把茱萸切碎装在香囊里佩戴，以茱萸之香味驱邪辟秽，这可以说是古人预防疾病的最简便的方法。晋朝以后，古人将茱萸插在头上，除了驱邪的作用外，可能还有一些装饰的意义。西晋周处的《风土记》记载，重阳节有登高饮菊花酒的宴会，因大家头上都插着茱萸赴会，因此称作"茱萸会"。周处为东吴义兴（今江苏宜兴）人，所记的风俗应是江南的风俗。比周处稍后

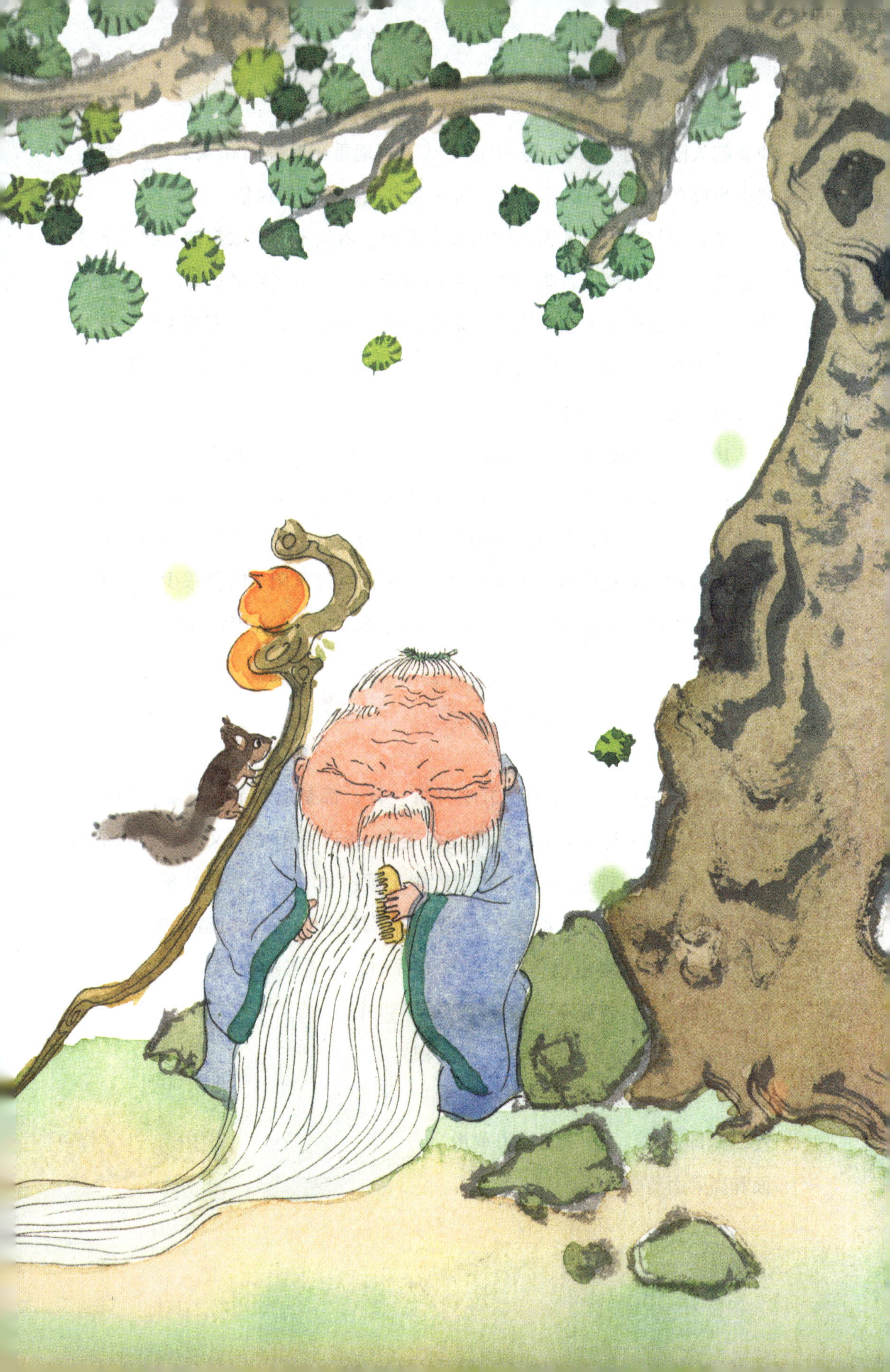

的晋朝人陆翻的《邺中记》中也记载了当地重阳有登高和佩茱萸的习俗。邺中为现在的河北省临漳一带，可见北方也有同样的风俗。

茱萸的气味很重，据说连鬼魂也害怕。南朝宋代刘敬叔的《异苑》卷六记载了一个故事：晋庾绍之与宗协为亲戚，庾绍之后来病故。一年重阳节，庾绍之的鬼魂来到宗协家，宗协设宴款待他，席中置有茱萸酒。庾绍之将酒杯还给宗协，称杯中有茱萸气，并说："上官皆畏之，非独我也。"这也间接说明，茱萸确有驱邪辟秽的作用。

唐代重阳节插茱萸之风盛行，难怪唐诗人王维写道："遥知兄弟登高处，遍插茱萸少一人。"慨叹在家乡兄弟登高的时候，就少了他这个插茱萸的人。到辽代时，茱萸泡酒不但可以饮用，有人还洒在门户周围，其用意还是辟秽、驱除疾病。但宋元以后，人们在过重阳节时就很少提到茱萸了，然而重阳节登高、赏菊、饮菊花酒之风，却一直流传到现代。

吃重阳糕

重阳节吃糕，如同中秋节吃月饼一样，都是应时节日食品。因糕与"高"同音，古人又希望"人往高处走"，所以重阳登高又吃糕，象征着步步登高的人生理想。《西京杂记》中记载："九月九日，佩茱萸，食蓬饵，饮菊花酒，云令人长寿。"所谓蓬饵，是用蓬草和米面制作的食品。蓬草是菊科植物，其茎叶有芳香油。据《玉烛宝典》说："九日食饵，饮菊花酒者，其时黍、秫并收，以因粘米嘉味触类尝新，遂成积习。""黍"又叫黄米，吃起来有黏性，秫即高粱。"饵"就是用黄米面和高粱面蒸成的糕。

唐代的重阳糕不再用蓬草制作,《唐六典》和《食谱》分别记载重阳节食麻葛糕和米锦糕。葛是豆科植物,葛根淀粉多,可食,以葛根制作的糕别有一番风味。还有,武则天曾经命宫女采集百花,和米捣碎,蒸制花糕,赏赐群臣。这种花糕的制作更为精细,也不是普通人能够吃到的。

唐代食重阳糕还有一些趣话。《刘宾客嘉话录》中记载:唐人袁师德是给事中袁高之子,九日出门做客,有人请他吃糕,他却推辞不吃。后来大家才知道,袁师德是为避父亲的名讳,因糕与"高"同音,故不忍心吃糕。这与唐代的大诗人李贺避其父李晋的名讳,而不去考进士(晋与进同音)一样无奈。

《野客丛书》和《闻见后录》中也记载了另一则重阳食糕的趣闻:刘禹锡作九日诗,想用"糕"字,但又觉得《六经》中无糕字的典故,用之不雅,所以弃之不用。后来,宋子京写诗讽刺他说:"刘郎不肯题糕字,虚负诗家一代豪。"

到了宋代，根据吴自牧《梦粱录》记载：重阳节吃糕已十分讲究，"此日都人店肆，以糖面蒸糕，上以猪羊肉鸭子为丝簇钉，插小彩旗，名曰重阳糕。禁中阁分及贵家相为馈送"。《乾淳岁时记》还记载了一种特殊的重阳食品："以苏子微渍梅卤，杂和蔗霜、梨、橙、玉榴小颗，名曰春兰秋菊。"这大概是现在的蜜饯一类的食品，也可见当时食品制作之精细。

明代的重阳食品统称花糕。《帝京岁时纪胜》载："京师重阳节花糕极胜。有油糖果炉作者，有发面垒果蒸成者，有江米黄米捣成者，皆剪五色彩旗以为标帜。市人争买，供家堂，馈亲友。小儿辈又以酸枣捣糕，火炙脆枣，糖拌果干，线穿山楂，绕街卖之。"可见当时的重阳糕品种已极为丰富，制作也各有特色。明人吃花糕还赋予吉利的意义。如明人谢肇淛《五杂俎》载：重阳日清晨，民间把花糕切成薄片，放在未成年子女的额上，祝福道："愿儿百事俱高。"反映了古人望子成龙的美好心愿。

晚清时做花糕，往往分层次。《燕京岁时记》载："花糕有二种，其一以糖面为之，中夹细果，两层三层不同，乃花糕之美者；其一蒸饼之上星星然缀以枣栗，乃糕之次者也。每届重阳，市肆间预为制造以供用。"看来，分层的重阳糕制作更为精细。

饮菊花酒

自东晋陶渊明作《桃花源记》后，世人只知道有桃花源，却不知道还有一个菊花源。《太平御览》卷六三引《荆州记》载：

菊花源傍悉生芳菊，被径浸潭，流其滋液，水极芳馨。谷中有三十余家，不穿井，仰饮此水。上寿二三百，中寿百余，其七八十者，犹不为寿。菊能轻身益气，令人久寿，于此有征矣。又后汉胡广，字伯始，为侍中，久患风羸，南归饮此水，遂瘳焉。

谷中之人饮菊花源之水，能活到二三百岁，中寿能活到百余岁，活到七八十岁的人则为早逝，不能称寿。菊花源的水还能治病，这真是一个令人神往的地方。

从中可以看出，古代人对菊花的重视，菊花因而又有着"万龄菊""延寿客"的美誉。重阳节饮菊花酒的习俗大概就是源于对菊花长寿的认识。

《续晋阳秋》中记载了一个白衣送酒的故事：有一年重阳节，陶渊明因家贫，无酒可饮，他慢慢走到屋东边的篱笆下，欣赏盛开的黄菊。正在这时，有一个白衣人送来了一坛好酒。原来，江州刺史王弘慕陶渊明清高不俗，为结识他，曾多次给陶渊明送酒，这年重阳节又差使者送酒来。陶渊明见到美酒，喜自心生，赶紧谢过来者，开坛畅饮，并乘醉吟出了《九日闲居》这首诗，其中还有"酒能祛百虑，菊解制颓龄"的诗句，而后"陶公咏菊""白衣送酒"则成了后世文人喜好的典故。

《西京杂记》中还记载了菊花酒的制作方法："菊花舒时，并采茎叶，杂黍为酿之，至来年九月九日始熟，就饮焉，故谓之菊花酒。"在菊花开放时，采花及茎叶，与黍米和在一起酿酒，酿成以后，一直保留到第二年重阳食用。传说喝了这种菊花酒可以延年益寿。从医学角度看，菊花酒确有明目、平肝、治头晕、降血压的作用。山东至今仍还流传着"九月九，九重阳，菊花做酒满缸香"的谣谚。

到了明清时代，菊花酒中又加入了多种草药，效果更佳。制作方法为：用甘菊花煎汁，用曲、米酿酒或加地黄、当归、枸杞诸药。

由于菊花酒的缘故，重阳又成了祭祀酒神的酒神节。如山东酒坊在重阳节要祭杜康，据说这样才能在酿酒时不会坏酒，也就是保证酒的质量。在贵州仁怀县茅台镇，每年到重阳节才开始投料下药酿酒，传说是因九九重阳，阳气旺盛才酿得出好酒。每当烤出初酒时，老板要在"杜康先师之神位"前点香烛、摆供品祈求酿酒顺利。这些风俗表明，重阳与酒的关系极深。

◆ 赏菊诗话 ◆

  菊花有着脱俗的高雅,深得历代的文人墨客喜爱。晋代诗人陶渊明被后人视为"菊痴"。他在家的东面种了一片黄菊,每逢重阳日,左邻右舍、亲朋好友都会来他家饮酒赏菊,他用菊花茶来款待来客,临走时还采菊花相送。他的诗有不少是以菊为题材的。如《饮酒·其五》:

结庐在人境,而无车马喧。

问君何能尔?心远地自偏。

采菊东篱下,悠然见南山。

山气日夕佳，飞鸟相与还。

此中有真意，欲辨已忘言。

诗人心境高洁，不染俗尘，其中"采菊东篱下，悠然见南山"两句，有着物我两忘的意境，也是传诵至今的千古名句。

唐代是一个诗歌盛行的朝代，唐诗人中写重阳赏菊的比比皆是。最著名的有孟浩然的《过故人庄》：

故人具鸡黍，邀我至田家。

绿树村边合，青山郭外斜。

开轩面场圃，把酒话桑麻。

待到重阳日，还来就菊花。

诗人在农村受到友人殷勤的接待，两人喝着酒，聊着岁时农事，并且还约好来年重阳日，再来观赏菊花。真是故人相聚，其乐融融。

"诗圣"杜甫也写了不少赏菊诗。天宝十二年（753年）重阳这一天，杜甫与友人欢宴之后，头上插着茱萸，摇荡着一叶小舟游于长安郊外的曲江。小舟荡过江面上的残荷，诗人兴致极好，观赏江岸的丛丛金菊，任舟在江中漂流，到晚才兴尽归来。这就是《九日曲江》：

缀席茱萸好，浮舟菡萏衰。

季秋时欲半，九日意兼悲。

江水清源曲，荆门此路疑。

晚来高兴尽，摇荡菊花期。

宋代的赏菊不仅有情调，而且有着细致的学问。《东京梦华录》卷八：

九月重阳，都下赏菊，有数种。其黄、白色蕊者莲房曰"万龄菊"，粉红色曰"桃花菊"，白而檀心曰"木香菊"，黄色而圆者曰"金龄菊"，纯白而大者曰"喜容菊"。无处无之。

据说，宋代的京师还有专门栽培菊花的园圃，节日期间供人们玩赏。

宋代诗人范成大还著有《菊谱》，记载了三百多个品种的菊花，对其习性和栽培技术都有详细的记载。范成大还写有《重阳后菊花》的诗：

寂寞东篱湿露华，

依前金靥照泥沙。

世情儿女无高韵，

只看重阳一日花。

范成大的诗清新脱俗，恰与菊花之品格相合，他叹息世间儿女没有赏菊之高韵，重阳节一过则无赏菊之趣了。

到明代以后，王府及富贵人家也附庸风雅，赏菊的活动因此带上了不少富贵气，也更为程式化。《陶庵梦忆》记载："兖州绍绅家风气袭王府。赏菊之日，其桌、其炕、其灯、其炉、其盘、其盒、其盆盎、其看器、其杯盘大觥、其壶、其帏、其褥、其酒、其面食、其衣服花样，无不菊者夜烧烛照之，蒸蒸烘染，较日色更浮出数层。席散，撤苇帘以受繁露。"可见赏菊的器具之多，场面之讲究，实为今人无法相比。

清代的赏菊规模比较大。《燕京岁时记》中记载："九花者，菊花也。每届重阳，富贵之家，以九花数百盆，架度广厦中，前轩后轾，望之若山，曰'九花山子'。四面堆积者，曰'九花塔'。"《清嘉录》中记苏州赏菊活动说："畦菊乍放，虎阜花农，已干盎百盂担入城市。居人买为瓶洗供赏者，或五器七器为一台，梗中置熟铁丝，偃仰能如人意。或于广庭大厦堆垒千百盆为玩者，绉纸为山，号'菊花山'。而茶肆尤盛。"无论"九花山子""九花塔"，还是"菊花山"，均体现了当时赏菊之盛况。

人日节

人归落雁后

入春才七日，

离家已二年。

人归落雁后，

思发在花前。

有一年人日节，隋朝的薛道衡奉隋文帝杨坚之命出使陈国，陈国设宴招待他。薛道衡诗名远扬，宴中作诗道："入春才七日，离家已二年。"在座之人都觉得太浅露，与薛道衡诗名似不相称。薛道衡接着吟出后两句："人归落雁后，思发在花前。"众人交相称赞说："名下固无虚士。"薛道衡（540—609年），字玄卿，河东汾阴（今山西省万荣县）人。历仕北朝齐、周及隋三代。因有才名为隋炀帝杨广所忌，最终被迫害致死。

人日节又称人胜节、人庆节、七元节。此节在今天虽已消亡，但在古代却是一个大节。人日节最早的记载是汉东方朔的《占书》："岁后八日，一日鸡，二日犬，三日豕，四日羊，五日牛，六日马，七日人，八日谷。其日清明，则所生物育，阴则灾。"这是以天气的阴晴来预测一年的物产与人事：那一天晴，则相应的人畜两旺，阴则有灾。但岁后八日为什么与人和家禽家畜相联系呢？这可能与中国远古神话"女娲造人"有关。

《太平御览》卷七八引《风俗通义》载："俗说天地开辟，未有人民，女娲抟黄土作人，剧务，力不暇供，乃引绳泥中，举以为人。"中国的神话认为，人是女娲娘娘用黄土所造，因捏泥捏不过来，于是用绳子甩泥浆以为人。《太平御览》卷三引《谈薮》注云："一说，天地初开，以一日作鸡，七日作人。"从古籍的记载中可以看出，中国古人的确相信女娲造人说，并且在岁后的第一天至第八天，分别造出了鸡、狗、猪、羊、牛、马、人与谷。女娲不但造出了人，而且造出了与人生活密切相关的家禽、家畜以及粮食。因此，从神话的角度来说，人日就是人的生日，也是家庭的生日。

正月初七正式成为人日节可能在晋代。《荆楚岁时记》记载："正月七日为人日。以七种菜为羹。剪彩为人，或镂金箔为人，以贴屏风，亦戴之头鬓。又造华胜相遗，登高赋诗。"当时，人日的各种习俗已经形成，如吃七菜羹、剪彩人、互相赠送华胜（妇女的头饰）、登高踏青等等，这标志着古人已经把人日当成了节日。

吃七宝羹

人日节吃七宝羹是最重要的习俗。《荆楚岁时记》记载："正月初七为人日。以七种菜为羹。"羹是一种有别于汤的糊状食品，在古人的食品中，羹占有重要的地位。女子嫁到夫家，脱去嫁衣就要为公婆做一次羹汤。中唐诗人王建诗《新嫁娘词》："三日入厨下，洗手作羹汤。未谙姑食性，先遣小姑尝。"说的就是这种习俗。至于七宝羹是哪七种菜做成的，古来并无一定的规矩，中国地大物博，各地的习俗都不一样。主要的几种蔬菜有：芥菜、芹菜、大蒜、韭菜、葱、芫荽、百合。无论用哪七种菜，古人的目的都是为了驱除邪气，祈求身体健康。

最为讲究的，要数三国时曹操的儿子曹植。据《异物江苑》记载，他

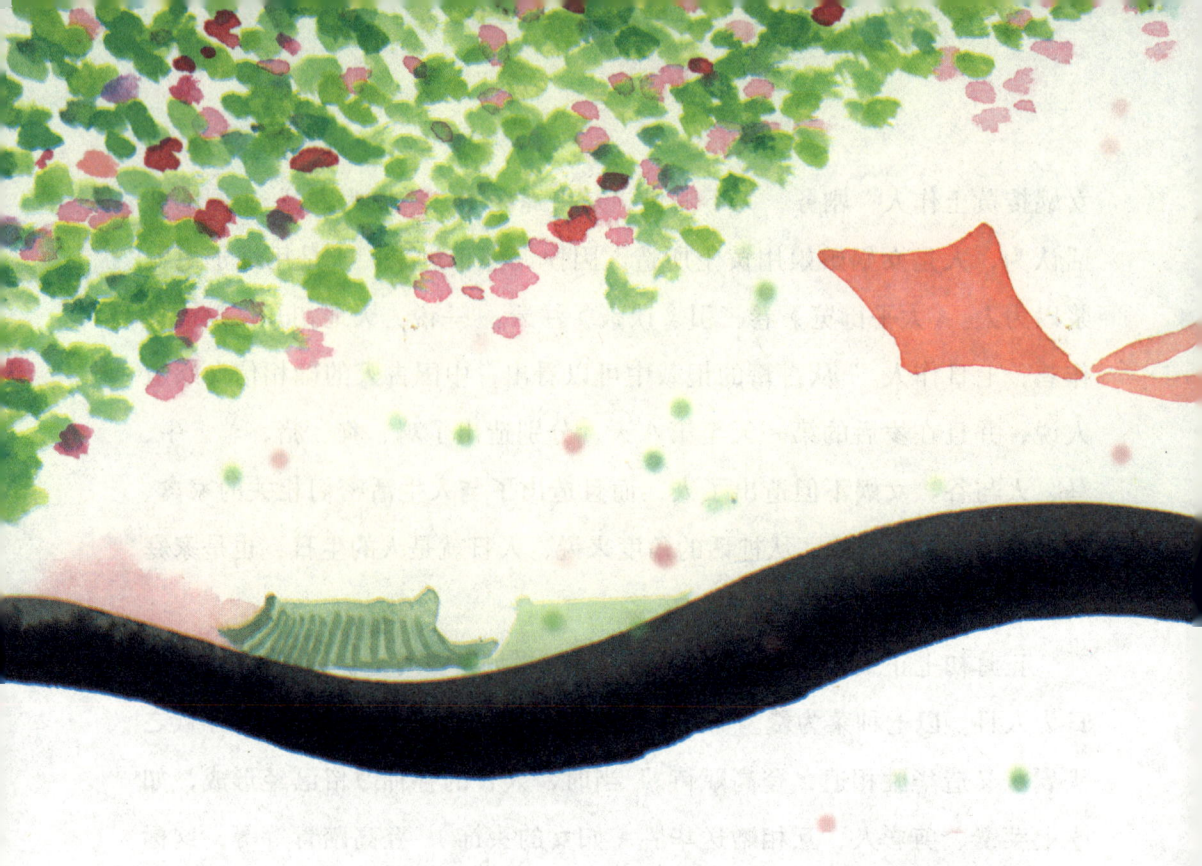

享用的七宝羹是用骆驼蹄做成，称之为驼蹄羹，小小的一瓯当时就价值千金，"瓯值千金，号为七宝羹"。隋唐沿袭，多为贵族享用。杜甫《自京赴奉先县咏怀五百字》中有"劝客驼蹄羹，霜橙压香橘"之句，说的是唐玄宗与杨贵妃在骊山华清宫之时，享用的珍馐中就有"驼蹄羹"一味。

◆ 互赠华胜 ◆

宋高承《事物纪原》引《杂五行书》说：南朝"宋武帝女寿阳公主，人日卧于含章殿檐下，梅花落公主额上，成五出花，拂之不去。皇后留之，看得几时，经三日，洗之乃落，宫女奇其异，竞效之"。这种宫中时尚后来又传到民间，古人称之为"梅花妆"或"寿阳妆"。其实，妇女这种贴花之风，至少在北朝时就有了。如北朝著名的《木兰诗》，诗中写花木兰从战场回到家乡，脱下战袍，穿上女儿装的情景时，"当窗理云鬓，

对镜贴花黄"。"理云鬓"是说木兰在梳头，准备插头饰；"贴花黄"则是把花草形的面饰贴在眉梢或鬓边。

　　贴花的习俗后来又发展成为一种彩色绸缎制作的饰物，这就是华胜，又称为花钿。每到人日节，妇女之间每每互相赠送自己制作的华胜，这种习俗在唐宋年间十分盛行。宋诗人梅尧臣有诗曰："屠酥先尚幼，彩胜又宜春。"在春日到来的季节，妇女们戴着彩绸制作的华胜，在绿色的郊野踏歌而舞，给春天带来了浪漫的色彩。

·剪人胜·

　　人胜是什么东西呢？所谓人胜，是一种用丝帛或者金箔剪刻成的人形饰物。因为剪成人的形状，所以叫人胜；也有剪刻成花鸟形的，叫花胜（华胜）；剪刻成两个套在一起的菱形的，叫方胜；后来又发展到更大一点的像小旗帜一样的幡胜。故人日节亦称为人胜节。

古人为什么要用这种戴"胜"的方式来庆贺人日呢？根据民间传说，戴"胜"是为了纪念女娲娘娘用泥巴在正月初七这一天造人。古人似乎对这个传说深信不疑，以至于每年的人日，人们都要剪制各种幡胜作为节日的礼物，互相赠送或佩戴；也有的将它们贴在屏风、幕帐上，或挂在树枝上。皇帝也在这一天接见群臣，分别赐予他们金银幡胜或春罗幡胜。在唐代即有"人胜赐予百官"之说。

唐代词人温庭筠善于描写闺阁之情，其《菩萨蛮·水精帘里颇黎枕》一词中写道："藕丝秋色浅，人胜参差剪。"可见，当时裁剪人胜亦是闺阁中的趣事。在浙江地区，男女老少在人日节均要称体重。

在现今日本正仓院，保存有两枚生产于唐代的华胜残片，其中一枚上面剪出吉祥的祝福语："今节佳辰，福庆惟新，曼和万载，寿保千春。"另一枚则用金箔刻了复杂的边饰，并饰以红绿罗的花叶，中心是一儿童在竹林下戏犬。20世纪60年代，在我国新疆吐鲁番市阿斯塔那古墓葬群中，出土了唐代的一件剪纸，系排列成行的七个小人，考古学家认为是"人胜"，这种简单的造型更接近"人胜"的原始意味。

踏歌

三峡地区的古老民风中有人日踏歌和龙舟竞渡的传统习俗。宋朝时，这种习俗称为"踏迹"或"踏碛"，届时男女老少都去野外山间畅游歌舞，场面十分热闹。宋朝文人王十朋有一首诗《人日游碛》，描写了当时的盛况："好邀蜀风俗，夔人贫亦邀。今日日为人，倾城出江皋。"夔州即今重庆奉节，诗中说正月初七这天，因为立春已至，夔州"倾城"出动，"贫"人也互相邀请出游，足见当时的盛况。

立春节

春蒿黄韭试春盘

"立春"是二十四节气的第一个节气，时间大约在农历正月上旬，公历二月三日至五日之间。这时严冬已尽，春天开始，应是温阳和煦、吹面不寒杨柳风的时节，不过偶尔也会有春寒料峭的时候。《水浒后传》描写的立春大雪就是例子，还有宋代大诗人苏东坡也有"渐觉东风料峭寒，青蒿黄韭试春盘"的诗句，可见，古代的立春日是为"乍暖还寒"的时候。

　　立春是如何从节气变为节日的呢？其实，立春在古代就是今天的春节，从汉代开始，所谓春节就专指立春节，并且这种以立春为迎春之节的传统一直持续到清代。现在正月初一的春节在古代称为元旦，是一年的岁首。将春节固定到正月初一，是辛亥革命以后的事。"中华民国"采取了公历，以公历的一月一日为元旦，为区别起见，这才将旧历正月初一专称为"春节"。这样的命名，也是因为春节常在立春前后的缘故。

　　从迎春的主题来看，立春和春节是一致的，本来就是古已有之的传统。自古以来，中国人就十分重视立春节，旧《农历》云："斗指东北，维为立春，时春气始至，四时之卒始，故名立春。"就节气而言，一年的岁首是立春。民间有谚语云："一年之计在于春。"可见立春的重要。中国以农业立国，农业收成关系到国计民生，因此，古代的帝王为了表示对立春的重视，常常率领群臣举行隆重的迎春大典。汉代的文帝、景帝颁发诏书时还称："朕亲耕为天下先。"以此表示对农业耕种的重视。

二十四节气

立春是如何确定的？这就涉及二十四节气的创立了。节气是中国古人对天文气候经年累月的观察而总结出来的。古人在观察月亏月盈时，发现一年之中月亮亏盈有十二个周期，因此就把一年划分为十二个月，并且把每个月分为两个节气。在前的为节气，在后的为中气。如立春为正月节，雨水为正月中，后人就把节气和中气统称为节气，合十二个月的节气而为二十四节气。其名称为立春、雨水、惊蛰、春分、清明、谷雨、立夏、小满、芒种、夏至、小暑、大暑、立秋、处暑、白露、秋分、寒露、霜降、立冬、小雪、大雪、冬至、小寒、大寒。为了便于记忆，民间还流行《二十四节气歌》：

春雨惊春清谷天，

夏满芒夏暑相连，

秋处露秋寒霜降，

冬雪雪冬小大寒。

古人概括的二十四节气，其名称既条理分明又形象生动，可以把它们概括为三类：

第一类直接表示季节。二分（春分、秋分）、二至（夏至、冬至）和四立（立春、立夏、立秋、立冬）是用来表明季节，划分一年为四季的。二分、二至是太阳高度变化的转折点。因为是从天文角度上来划分的，所以适用于全国。四立则不尽然，尽管也从天文上反映季节的开始，由于我国地域辽阔，气候的季风性和大陆性都极为显著，各地气候悬殊，因此各地四季的开始日期和持续时间并不相同，有些地区四季分明，有些地区不甚明显，例如昆明就有"四季如春"之称。

第二类表示气候。直接反映热量状况的有小暑、大暑、处暑、小寒、大

寒五个节气,它们表示一年中不同时期寒暑的程度以及暑热即将过去的情况。直接反映降水现象的有雨水、谷雨、小雪、大雪四个节气,表明降雨、降雪的时间和强度。此外,白露、寒露、霜降三个节气虽说是水汽凝结、凝华现象,但也反映出温度逐渐下降的过程和每个节气温度下降的程度。

第三类表示与农业有关的物候现象。小满、芒种反映有关作物的成熟和收成情况;惊蛰、清明反映自然物候现象。尤其是惊蛰,它用天上的初雷和地下蛰虫的复苏,向天地万物通报春回大地的信息。

迎句芒神

句（读勾）芒神，又称为春神、木神，为主管农事之神。关于句芒的身世，文献中多有记载。《吕氏春秋·孟春》曰："其帝太皞，其神句芒。"高诱注："太皞，伏羲氏，以木德王天下之号，死祀于东方，为木德之帝。句芒，少皞氏之裔子曰重，佐木德之帝，死为木官之神。"《礼记·月令》："其帝太皞，其神句芒。"郑玄注曰："句芒，少皞氏之子，曰重，为木官。"

朱熹注曰:"大皡伏牺,木德之君。句芒,少皡氏之子,曰重,木官之臣。圣神继天立极,先有功德于民,故后王于春祀之。"根据古籍的记载,可知句芒是少昊之子,是木官之神和春之神。

唐朝人阎朝隐有诗曰:"句芒人面乘两龙,道是春神卫九重。"在历代的迎春祭祀活动中,句芒是不可缺少的角色。据《荆楚岁时记》记载,立春前一日,官府的官员们率队到东郊举行鞭土牛、迎春仪式时,句芒的塑像总是供在祭台上,有时还手执彩鞭。至于其所站立的位置,要根据五行的干支而定。这时,句芒被唤作"芒神"。芒神,既是春神,又兼有谷神的职能。一年的农事,就在他的掌握和安排之中。

直到近代,浙江地区立春前一日还有迎春的旧俗,要抬着句芒神出城上山,同时祭太岁。太岁为值岁之神,主管当年农事收成之好坏。迎神时多有大班鼓吹、抬阁、地戏、秧歌、打牛等活动。从乡村抬进城后,人们夹道聚观,争掷五谷,谓之迎春。

◆剪春燕◆

《荆楚岁时记》载:"立春之日,悉剪彩为燕戴之,贴宜春二字。"这就是立春日剪春燕的古俗。春燕又名幡胜、彩胜、春书。段成式《酉阳杂俎》载:"北朝妇人,……立春进书,以青缯为帜,刻龙象御之,或为蛤蟆。"《武林旧事》卷二载:"是日赐百宫春幡胜,宰执亲王以金,余以金裹银及罗帛为之。系文思院造进,各垂于幞头之左入谢。"皇帝要文思院统一制造春幡胜,立春日赐予百官。赐予亲王的以纯金制成,一般官员则以金渚银或罗帛制成,总是有些区别。

后来又称幡胜为"闹娥儿""斗蝶""闹嚷嚷""长春花"等。明沈榜《宛署杂记》卷十七载:立春"戴闹嚷嚷","以乌金纸为飞蛾、蝴蝶、蚂蚱之形，大如掌，小如钱，呼曰：闹嚷嚷。大小男女，各戴一枝于首中，贵人有戴满头者"。清代王夫之的《杂物赞·活的儿》记载得更为详细："以乌金纸剪为蛱蝶，朱粉点染，以小铜丝缠缀针上，旁施柏叶，迎春，元日，冶游者插之巾帽。"近代又称幡胜为春鸡。《翼城县志》记载："士女剪采为燕，名春鸡；贴羽为蝶，名闹蛾；缠绒为杖，名春杆；各簪头上，以斗胜焉。"

吃春饼、食春盘

立春日中国民间讲究吃春饼、食春盘。唐《四时宝镜》载："立春，食芦、春饼、生菜，号春盘。"杜甫也有《立春》诗云："春日春盘细生菜，忽忆两京梅发时。"说明唐代就有立春日吃春饼和春盘的习俗。春饼与今日的春卷基本相同，只是做法稍有差异，或者说，现在的春卷是由古代的春饼演变而来的。宋代有一种"卷煎饼"，是春饼与春卷的过渡类型。馅料用羊肉、猪肉、笋干之类，装在饼内卷成一条，两头以面糊粘住，油煎，吃时蘸调味汁。元朝时出现了将春饼卷馅料后油炸而食的春卷饼，可

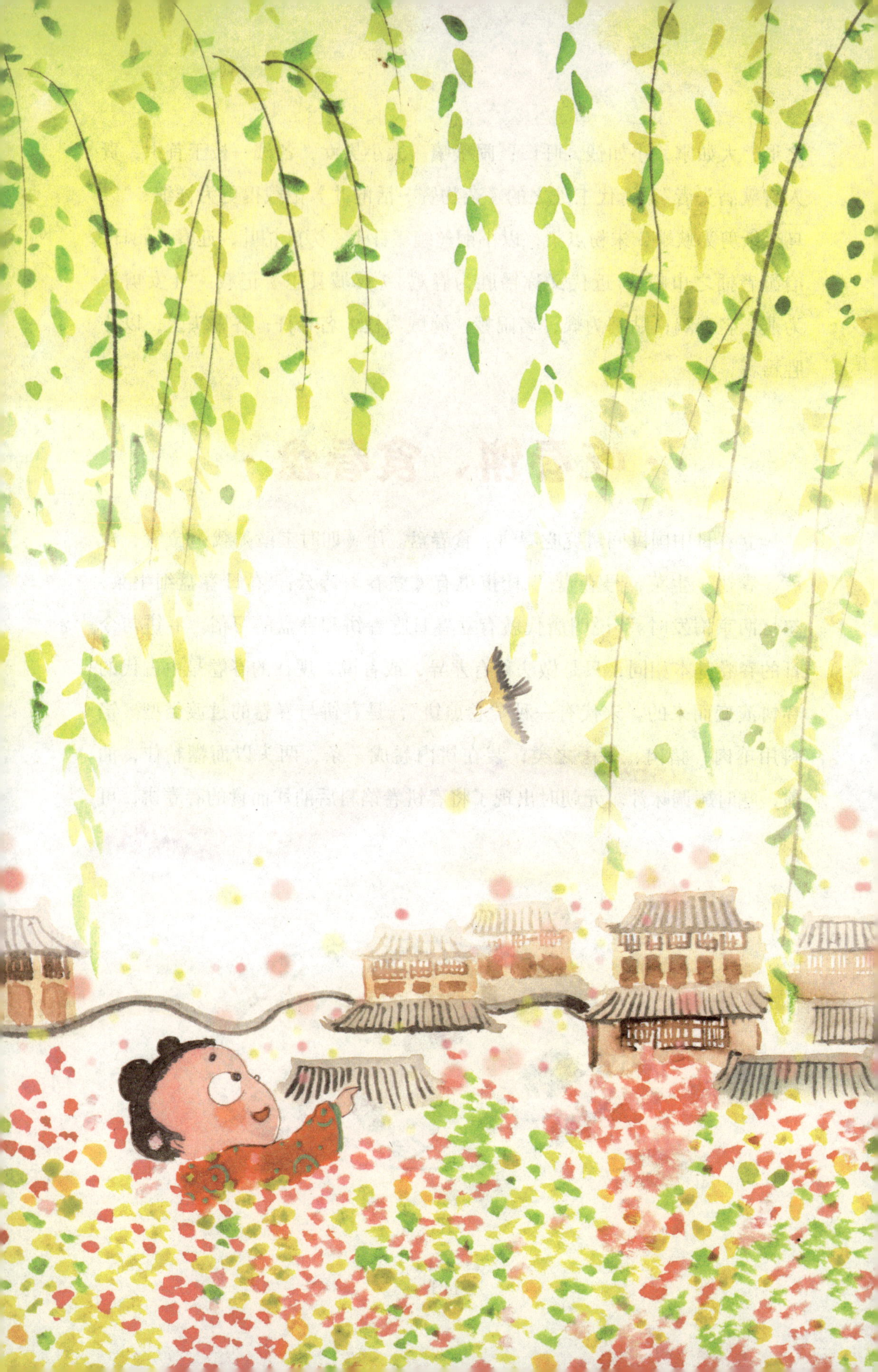

以说就是春卷了。元代韩弈的《易牙遗意》还记载了其制作方法："饼与薄饼同。用羊肉二斤，羊脂一斤，或猪肉亦可。大概如馒头馅，须多用葱白或笋干之类。装在饼内，卷作一条。两头用面糊粘住。浮油煎，令红焦色。"到明清之时，"春卷"一词已经出现了，当时在南京、苏州市场上都有春卷出售。

春卷在近代盛行于江南各地。近代的春卷与古代基本相似，但也有一些变化，如面皮除了麦面以外，也有用米粉皮制作的，还有用豆腐皮或鸡蛋皮做的。春卷的馅料除了常用的肉丝、豆芽、韭菜外，也有用豆沙拌糖制作的。

春盘源于汉代，大约与六朝元旦之五辛盘有一定的联系，故春盘又称辛盘，是以五种菜拼成的拼盘。元诗人耶律楚材有诗曰："昨朝春日偶然忘，试作春盘我一尝。木案初开银线乱，砂瓶煮熟藕丝长。匀和豌豆搡葱白，细剪蒌蒿点韭黄。也与何曾同是饱，区区何必待膏粱。"何曾是魏晋时的名厨，银线即为粉丝。诗中提到了藕丝、豌豆、葱白、蒌蒿、韭黄五种菜，这就是春盘。

鞭春牛

鞭春牛，又名鞭土牛、唱春牛、跳春牛、春牛会。高承《事物纪原》中记载："周公始制立春土牛，盖出土牛以示农耕早晚。"中国的历代皇帝都以农耕为本，为了表示对农业的重视，周公旦始制鞭牛之礼是完全可能的。其目的一是为了表示对农耕的重视；二是鞭牛是春耕伊始的标志，有迎春之意。《周礼·月令》就有记载："出土牛以送寒气。"

汉代鞭春牛之礼规模宏大，十分隆重。《后汉书·礼仪志》载："立春日，夜漏未尽五刻，京师百官皆衣青衣，郡国县道官下至斗食令吏皆服青帻，立青幡，施土牛，耕人于门外，以示兆民。"百官全部出动，而且还要统一穿着青衣，场面应是十分壮观。此礼一直沿用下来。到北宋时，宋仁宗还颁布了《土牛经》，皇帝如此重视，鞭春牛之风很快遍及乡里。《济南府志·岁时》记载了清代康熙年间鞭春年的盛观："立春日，官吏各具彩杖，击土牛者三，谓之'鞭春'，以示劝农之意焉。为小春牛，遍送缙绅家，及门鸣鼓乐以献，谓之'送春'。"最初的鞭春牛可能用的是真牛，后改为土牛，清末又改用纸牛，即以竹为骨架，外糊以纸。

古时，鞭春牛活动是在立春前一天，先把春牛放在县城东门外，称为"立牛"。牛的大小也有讲究，牛身长要三尺六寸五，象征一年365天；牛尾长一尺二寸，象征一年12个月；四蹄象征四季；柳条象征春天。牛旁边站立一个携带农具、挥鞭吆牛的假人，即"耕夫"。立春那一天，村里推选一位老者，用鞭子象征性地打春牛三下，意味着一年的农事开始。

中和节

东风变梅柳

据《新唐书·李泌列传》记载：唐德宗贞元五年（789年），唐德宗召见宰相李泌议事，言及二月的节日安排。李泌回答说："废正月晦，以二月朔为中和节，因赐大臣戚里尺，谓之裁度。民间以青囊盛百谷瓜果种相问遗，号为献生子。里间酿宜春酒，以祭勾芒神，祈丰年。百官进农书，以示务本。"德宗一听十分高兴，于是发布诏令，将中和、上巳、九日同列为三令节，并且宫内宫外皆赐缗钱宴会。

这就是中和节的来历。唐德宗还为此作了一首诗《中和节赐群臣宴赋七韵》：

东风变梅柳，万汇生春光。
中和纪月令，方与天地长。
耽乐岂予尚，懿兹时景良。
庶遂亭育恩，同致寰海康。
君臣永终始，交泰符阴阳。
曲沼水新碧，华林桃稍芳。
胜赏信多欢，戒之在无荒。

唐德宗的诗，文采一般，但精炼地概括了中和节的文化内涵，如节候的阴阳交泰，寰宇康宁，君臣和睦，劝民不要荒废农耕。其中最精彩的诗句为"东风变梅柳"，以梅柳的形象交代了节候的变化，可谓雅俗共赏。

中和节的时间是农历二月初一，也就是二月朔。这时，大地回暖，温阳

和煦，东风吹拂，柳绿堤岸。中和节正好是二月春分的节气，也是农村春耕春播的时节，因此，中和节的文化主题就是上承炎黄五帝的"重农桑，务耕田"传统。中和节这天，皇帝要仿周代的礼仪，举行耕种仪式，甚至要亲自扶犁御耕，并象征性地赐给人民五谷，以示劝民努力从事耕织。在民间，这天亲友们聚在一起喝春酒，吃太阳鸡糕，并祭祀句芒神。人们往往还互赠刀、尺之类的礼物，勉励努力劳作。

中和节主要盛行在唐代，到明清时，民间虽然仍视之为节日，但已不大重视，只是在宫廷、官府有所活动。

清代潘荣陛《帝京岁时纪胜》记载了当时中和节的活动："京师于是日以江米为糕，上印金乌圆光，用以祀日。绕街遍巷，叫而卖之，曰太阳鸡糕。其祭神云马，题曰太阳星君。焚帛时，将新正各门户张贴之五色挂钱，摘而焚之，曰太阳钱粮。左安门内有太阳宫，都人结侣携觞，往游竟日。"

中和节与龙抬头

古人常把中和节与龙头节联系在一起。一方面是因为两个节日挨得很近（中和节是二月初一，龙抬头是二月初二），另一方面是两个节日都表示二十四节气中的春分。这里解释一下中和节名称的含义，唐朝韩鄂《岁华纪丽》中说：中和节是"助阴阳之交泰，表天地之和同"。中和节的"中"，指冬夏中分，"和"指天地和同，而一年之中冬夏中分（阴阳交泰）、天地和同的日子只有春分。

龙头节实际上也是指春分，只是它是以东方苍龙七宿为观察坐标，所谓"二月二，龙抬头"的龙就是指二十八宿中的东方七宿——苍龙。在上古时，古人观察天文，发现苍龙从春分开始从地上抬头，至秋分再次潜入地下，从而形成了一个活动周期。也就是说整个夏季的黄昏，苍龙都出现在地平线以上，而从秋分至春分，苍龙再次潜入地平线以下。龙抬头就是指春分时，苍龙再次出现在地平线以上。

每当二月春分以后，黄昏时苍龙星座就从东方地平线上出现，这时整个苍龙的身子尚隐在地平线以下，故称龙抬头；三月时出来大半个身子；至四月整个龙身子便全部呈现于东南方。到了五月的初昏，整个龙身子便位于正南方，所以《夏小正》曰：五月"初昏大火中"。大火即为大火星，是苍龙的中心部分，故五月初昏苍龙星居中。而在二月以前，包括整个冬季在内，东方苍龙星宿在黄昏时隐没在地平线以下，是看不见的，故人们称之为潜龙。这就是传说中冬季龙要蛰伏的来历。

既然是龙抬头的日子，各种习俗也自然与龙有关。明代沈榜《宛署杂记》载："二月引龙，熏百虫。……乡民用灰自门外委婉布入宅厨，旋浇水缸，呼为引龙回。用面摊煎饼，熏床炕令百虫不生。"清代富察敦崇

《燕京岁时记》也说："二月二日，……今人呼为龙抬头。是日食饼者谓之龙鳞饼，食面者谓之龙须面。闺中停止针线，恐伤龙目也。"

中华民族自古以来就以龙为图腾。东汉许慎的《说文解字》中解释说："龙，鳞虫之长，能幽能明，能细能巨，能长能短，春分而登天，秋分而潜渊。"这说明，古人一直把龙看成是带有神权色彩的崇拜对象。

其实，人们崇拜龙、祭祀龙，最主要的原因还是与二月正是农作物播种的季节有关。农谚曰："二月二，龙抬头，大仓满，小仓流。""二月二，吃豆豆，人不害病地丰收。"在龙抬头的日子，民间百姓通过耍龙灯、吃"龙食"、祭龙神、避龙忌等活动，祈求龙神赐福，保佑风调雨顺，五谷丰登。中国北方民间还流传这样一首打油诗："二月二，龙抬头，天子耕地臣赶牛，正宫娘娘来送饭，当朝大臣把种丢。春耕夏耘牵天下，五谷丰登太平秋。"

太阳神羲和、句芒

中和节又是供奉太阳神的节日，中国民间以此日为"太阳生日"，要供奉太阳星君。旧时北京地区供奉太阳星君时，家家户户在院子设香案，挂太阳星君神像，供太阳糕三五个，遥向东方膜拜，也有持斋诵《太阳经》的。日转西时，将太阳糕等供品撤下，分给小孩吃，又把春节门首五彩挂钱揭下来与神马儿一起烧掉，叫"太阳钱粮"。除一般的祭拜之外，有些地区还建有太阳宫、太阳殿。

太阳星君即太阳神，在古希腊的神话体系中，有一个太阳神叫作阿波罗，是一位风流倜傥的青年男子。那么中国的太阳神又是谁呢？在《山海经》中提到了一个太阳神，这就是羲和。《山海经·大荒南经》载："大荒之中，有山名曰天台高山，海水入焉。东南海之外，甘水之间，有羲和之国，

有女子名曰羲和，方日浴于甘渊。羲和者，帝俊之妻，生十日。"羲和是为女子，是帝俊的妻子，并且生育了十个太阳，住在东方大海的扶桑树上，轮流在天上值日。后来，十个兄弟不满先后次序，十日并出，被后羿射杀其中的九个。在屈原的《离骚》中，羲和又是驾驭太阳车的驭手。

中国神话中还有一个日神，这就是句芒。句芒既是日神也是春神，古人认为，春夏是阳，为天，为日；秋冬是阴，为地，为月，故句芒既是日神也兼作春神。

吃太阳鸡糕

中和节吃太阳鸡糕是较为普遍的民俗活动。太阳鸡糕的制法是：用糯米蒸成糕，在糕上印上小鸡的图案。太阳鸡糕上的鸡的图案代表着太阳，因为传说中太阳中有金乌，太阳的别名又为金乌。太阳鸡糕不仅是节日食品，更是祭日的祭品。这一习俗在清代特别盛行，太阳鸡糕也因此成为一种节日食品。

饮春酒

中和节在中国民间又称春社日，一般要祭祀土地神，祈求丰收，也有饮中和酒、宜春酒的习俗，说是可以医治耳疾，因而又称之为"治聋酒"。唐代李涛有诗道："社翁今日没心情，为乞治聋酒一瓶。恼乱玉堂将欲遍，依稀巡到等三厅。"《旧唐书》载："村舍作中和酒，祭句芒，以祈年谷。"看来，酒也是祭祀句芒神的祭品。还有清代陈梦雷编的《古今图书集成·酒部》载："中和节，民间里闾酿酒，谓宜春酒。"归纳起来，酒的作用有三：祭祀、迎春、保健。

中和节诗词

唐德宗曾在中和节于长安城郊外的曲江岸大宴百官，宰相李泌即席作《奉和圣制中和节曲江宴百僚》一首：

风俗时有变，中和节惟新。

轩车双阙下，宴会曲江滨。

金石何铿锵，簪缨亦纷纶。

皇恩降自天，品物感知春。

慈恩匝寰瀛，歌咏同君臣。

此诗是和皇帝诗而作，无非是感叹皇上的圣恩，并无精彩的诗句，但于诗中可见当日宴会的盛况，弦歌金石声铿锵入云，赴宴的高官仕女穿着鲜丽，戴着簪缨，一派春和景明。

宋代的林景熙也有一首《中和诗》：

柳下一瓢酒，湖风散积阴。

晴舒生物命，春酌化工心。

莺语调寒燠，花妆定浅深。

悠然情性会，宇宙入孤吟。

此作以写景见长：农历二月，莺飞草长，柳绿花开，完全见不到"料峭春风吹酒醒"的寒意，诗人大概写的是江南中和节的春景。

花朝节

纷纷蝴蝶斗芳菲

花朝节盛行于唐朝。据说武则天称帝时（690—705年），由于她嗜花成癖，每到夏历二月十五花朝节这天，她总要令宫女采集百花，和米一起捣碎，蒸制成糕，用花糕来赏赐群臣。上行下效，于是从官府到民间花朝节就流行了起来。当时，正月十五的元宵节、二月十五的花朝节、八月十五的中秋节，这三个"月半"被视为同等重要的传统佳节。

花朝节究竟起源于何时，古籍中找不到明确的记载，但最晚在晋代就已经出现了。如南朝梁简文帝萧纲《春别应令》诗曰："花朝月夜动春心，谁忍相思不相见。"花朝节的日期也不完全统一，如唐代以二月十五日为花朝节，而宋代的花朝节提前到二月十二日。宋诗人杨万里《诚斋诗话》载："东京（即今开封）二月十二曰花朝，为扑蝶会。"某些地区如洛阳的花朝节更早，据《翰墨记》记载："洛阳风俗，以二月二日为花朝节。士庶游玩，又为挑菜节。"直到清朝后，民间普遍以二月十二为花朝节。《铸鼎余闻》卷四引《昆山新阳合志》云："二月十二日为花朝，花神生日。各花卉俱赏红。"看起来，花朝节的日期可能与花开的日期有关，很可能是由于中国南北的气候条件不一样，南方的花开得早，故而比北方提早几天过花朝节也是合理的。

祭花神

花朝节又名百花节，相传此日是百花生日，故祭花神是花朝节的重要内容。那么花神是谁呢？相传是女夷。汉代刘向的《淮南子·天文训》载："女夷鼓歌，以司天和，以长百谷禽鸟草木。"高诱注："女夷，主春夏长养之神也。"在《太平广记》里，女夷又成了道教上清派始祖南岳魏华存夫人的女弟子，擅长养花种草，后世尊之为"花神"，并把花朝节附会成她的生日。现在江苏太湖的绛云轩前还有一座花神庙，内供有白矾石雕塑的女夷像。

在花神的传说中，女夷还奉王母娘娘之命，选定梅花、杏花、桃花、牡丹花、石榴花、莲花、兰花、桂花、菊花、芙蓉花、山茶花、水仙花，为一年十二个月的当令花。明代有一首《十二月花神赋》，其中二月的花神是这样写的："二月花神杨贵妃，玉兰花放杏花肥。老梅枝头黄鹂语，晓阁庭前紫燕飞。春花发，百草齐，纷纷蝴蝶斗芳菲。门迎春色多娇美，状元归去马如飞。"诗里明确把杨贵妃封为花神。

花朝节要祭祀花神，花朝节后，众花将谢，花神要走，人们还要设宴饯行。广东中山地区，民间有花朝节后四天在家宅门上插桃花或桃枝、祭祀门神的习俗。这里的乡民认为桃木或桃花的颜色可以镇邪驱魔，还可以做护身符，让人延年益寿。此外，还认为插上桃花后，未婚青年行桃花运，商贾之人则认为要行财运。

赏花踏青

花朝节是人们外出游玩赏花的日子，宋代此风尤盛。孟元老《东京梦华录》记载了北宋开封的花朝节盛况："大抵都城左近，皆是园圃。百里之

内,并无阒地。次第春容满野,暖律暄晴,万花争出。……举目则秋千巧笑,触处则蹴鞠疏狂。寻芳选胜,花絮时坠,金樽折翠簪红,蜂蝶暗随归骑。于是相继清明节矣。"除了赏花以外,女子荡秋千,男儿踢足球,饮酒取乐,簪花为美,一片醉人的景象。

吴自牧的《梦粱录》则详细记载了南宋临安的花朝节:"都人皆往钱塘门外玉壶、古柳林、杨府、云洞,钱湖门外庆乐、小湖等园,嘉会门外包家山、王保生、张太尉等园,玩赏奇花异木。最是包家山桃开浑如锦障,极为可爱。此日帅守、县宰率僚佐出郊，召父老赐酒食，劝以农桑，告谕勤劬，奉行虔恪。天庆观递年设老君诞会，燃万盏华灯，供圣修斋，为民祈福。士庶拈香瞻仰，往来无数。崇新门外长明寺及诸教院僧尼，建佛涅盘胜会，罗列幡幢，种种香花异果供养。挂名贤书画，设珍异玩具，庄严道场，观者纷集，竟日不绝。"是日不但玩赏花木，而且寺观还供奉佛道，为人祈福消灾。

赏红与扑蝶之戏

花朝节民间还有"赏红"之俗。清代顾禄《清嘉录》卷二载："二月十二日为百花生日，闺中女郎剪五色彩缯，粘花枝上，谓之赏红。"清代的宫廷也有赏红活动，花朝节这天，宫女们都穿上鲜艳的衣服到颐和园去，把彩色绸条系在各种花树上，还要演戏，专为百花庆寿。《红楼梦》第二十七回"滴翠亭杨妃戏彩蝶，埋香冢飞燕泣残红"对此习俗有所描写：

> 至次日乃是四月二十六日，原来这日未时交芒种节。尚古风俗：凡交芒种节的这日，都要设摆各色礼物，祭饯花神，言芒种一过，便是夏日了，众花皆卸，花神退位，须要饯行。然闺中更兴这件风俗，所以大观园中之人都早起来了。那些女孩子们，或用花瓣柳枝编成轿马的，或

用绫棉纱罗叠成干旄旌幢的，都用彩线系了。每一棵树上，每一枝花上，都系了这些物事。满园里绣带飘飘，花枝招展，更兼这些人打扮得桃羞杏让、燕妒莺惭，一时也道不尽。

清朝的南京一带，人们以二月十二日为百花生日，女孩子多有剪彩绫为带系花枝的习俗，这与《红楼梦》的记载完全一致，就是古代赏红的遗俗。清代诗人张春华有诗曰："春到花朝碧染丛，枝梢剪彩裛东风。蒸霞五色飞晴坞，画阁开尊助赏红。"也形象地描述了赏红的情境。

宋时花朝节的活动还有扑蝶之戏。《西湖游览志余》卷二十载："是日（二月十五日），宋时有扑蝶之戏。今虽不举，而寺院启涅槃会，谈《孔雀经》。拈香者麇至，犹其遗俗也。"扑蝶之戏可能是一种女儿之间抓蝴蝶的游戏，《红楼梦》第二十七回中还有宝钗扑蝶的情节：

（宝钗）刚要寻别的姊妹去，忽见前面一双玉色蝴蝶，大如团扇，一上一下迎风翩跹，十分有趣。宝钗意欲扑了来玩耍，遂向袖中取出扇子来，向草地下来扑。只见那一双蝴蝶忽起忽落，来来往往，穿花度柳，将欲过河去了。倒引的宝钗蹑手蹑脚的，一直跟到池中滴翠亭上，香汗淋漓，娇喘细细。

"宝钗扑蝶"不仅是后世戏剧的经典剧目，也是仕女画和年画中的常见题材。一到仲春时节，风和日丽之日，赏着姹紫嫣红的百花，盛装的大家闺秀们在花丛中扑着蝴蝶，的确是诗意盎然，人们要为花神的厚赐而陶醉。无怪清代诗人蔡云此日诗兴大发，作诗曰：

百花生日是良辰，

未到花朝一半春。

红紫万千披锦绣，

尚劳点缀贺花神。

上巳节

倾都祓禊晨

唐代诗人崔颢于上巳日游帝京时，曾作一首《上巳》诗：

巳日帝城春，倾都祓禊晨。

停车须傍水，奏乐要惊尘。

弱柳障行骑，浮桥拥看人。

犹言日尚早，重向九龙津。

从"倾都""浮桥拥看人"等词，可以看出唐代的上巳节盛况，长安的老百姓几乎倾城而出，曲江一带车水马龙，游人如织，浮桥上挤满了看热闹的百姓。古代对上巳节的重视由此可见一斑。

上巳是指农历三月的第一个巳日，故又称元巳（一月中有三个巳日，还有中巳、下巳）。三月上巳的风俗最早可能起源于周朝。《周礼·春官·女巫》载："女巫掌岁时以祓除衅浴。"郑玄注："岁时祓除，如今三月上巳，如水上之类；衅浴谓以香薰草药沐浴。"可见周朝已经有上巳日祓除、沐浴的风俗，目的是驱疫辟邪，除去旧年的不祥。但上巳的名称最早见于南朝古籍中汉代的事迹。《后汉书·周举传》："六年三月上巳日，（梁）商大会宾客，宴于洛水。"可见汉代的上巳日已经形成了水中沐浴与宴饮的节俗。

这一时期的节日活动，主要是人们结伴去水边沐浴，称为"祓禊"。徐广《史记》注："三月上巳，临水祓除，谓之禊。"此活动虽然起源于上古的巫术，但却成了有益于健康的活动。上古人不像今人勤于洗澡，一般的百姓甚至一年都不洗一次澡，而到暮春的巳日，风和日丽，人们结伴去水边沐浴，对于驱除疫病、强身健体十分有益。

农历三月上巳每年都不固定，为了方便和统一，魏晋后将上巳节定在了三月初三日，又称重三或三月三。南朝梁宗懔的《荆楚岁时记》载："三月三日，士民并出江渚池沼间，为流杯曲水之饮。"唐诗人杜甫的《丽人行》诗云："三月三日天气新，长安水边多丽人。"节日固定以后，节日的仪式和活动就有了更大的规模且更加规范，从宫廷到民间，上巳日出城踏青、祭祀宴饮、水边沐浴已是普遍的活动。

此外，上巳节在上古还有在河边解神的活动。解神即还愿谢神，这大概是一种巫术仪式。汉代王充在《论衡》中说："世间善治宅舍，凿地掘土，功成作解谢土神，名曰谢神。"北朝周人虞信《春赋》也有反映："三日曲水向河津，日晚河边多解神。"

随着时代的发展，人们在水边不仅仅举行沐浴祓除的仪式，还把它当成宴饮游玩的好时光。于是，魏晋以后又普遍流行曲水流觞、列坐赋诗等雅事，其巫术意义的祭祀则越来越淡化了。如梁简文帝萧纲就有《曲水联句诗》："春色明上巳，桃花落绕沟。波回卮不进，纶下钩时留。绛水时回岸，花觞转更周……"诗中记述了流觞时的一些细节：如桃花落到曲水中，水波回转酒杯不往前进，雕着花的杯子随水流转动很快等。

·祓禊·

祓禊也称修禊。汉代学者应劭对祓的意义做过阐述，他认为：祓远在殷周时就已经形成，朝廷还专门设置女巫之职进行主持。因为三月正当季节交换，阴气尚未尽而阳气"蠢蠢摇动"，人容易患病，所以应到水边洗涤一番。所谓"禊"即"洁"，故"祓禊"就是通过沐浴而达到清洁的仪式。为什么要选在巳日呢？应劭解释说："巳者，祉也。"既除掉致病因素，又祈求福祉降临（《风俗通义·祀典·禊》）。所以，祓的原初意义是驱邪祛瘟，或者是古人的卫生保健风俗。

还有一种观点认为，祓起源于一种兰汤辟邪的巫术活动。古人在举行重大祭神仪式前，须先期进行斋戒，斋戒前则要沐浴，沐浴一般采用兰汤，也就是兰草煎成的汤。三月上巳到河边洗除邪秽的"祓禊"风俗，从起源上看正与兰汤辟邪有一定的关系，这在《周礼·春官·女巫》中已有记载。《诗经·郑风·溱洧》还描写了春秋时期郑国的祓禊活动：三月上巳日这天，郑国男女倾城而出，来到溱水、洧水之滨，手执兰草洗濯身体，祓除不祥。男女之间还有各种情爱的表示。

古人上巳日祓禊，一定要选择山清水秀、风景优美的清流溪水之处。并且大家要带上饮食和酒，甚至还要搭上帐篷，以供休息饮宴之用。所以，祓禊多为古代贵族和士人们的活动。

曲水流觞

东晋永和九年（353年）上巳日，王羲之与谢安、孙绰等四十一位名士齐聚山阴兰亭（今绍兴西南）举行祓禊之礼，宴饮赋诗，就是历史上著名的"兰亭禊集"。王羲之的《兰亭集序》记载了当时的情境：

永和九年，岁在癸丑，暮春之初，会于会稽山阴之兰亭，修禊事也。群贤毕至，少长咸集。此地有崇山峻岭，茂林修竹，又有清流激湍，映带左右，引以为流觞曲水，列坐其次。虽无丝竹管弦之盛，一觞一咏，亦足以畅叙幽情。

这就是曲水流觞之戏。觞，是古代酒杯，通常为木制，底部有托，可浮于水中。另外也有陶制的杯，两边有耳，又称羽觞，因比木杯重，玩时则放在荷叶之上。名士们列坐在曲水边，任酒杯顺水漂流而下，漂到谁的

唐代上巳日赏花之俗

三月上巳，已值暮春，长安的牡丹已经花团锦簇，于是上巳赏牡丹成为唐代文人的又一雅事。唐宰相权德舆有诗《和李中丞慈恩寺清上人院牡丹花歌》，详细记载了此风俗："澹荡韶光三月中，牡丹偏自占春风。时过宝地寻香径，已见新花出故丛。曲水亭西杏园北，浓芳深院红霞色。擢秀全胜珠树林，结根幸在春莲域。艳蕊鲜房次第开，含烟洗露照苍苔。庞眉依杖禅僧起，轻翅萦枝舞蝶来。独坐南台时共美，闲行古刹情何已。花间一曲奏阳春，应为芬芳比君子。"

身旁，谁就饮酒赋诗，以此为乐。后来，名士们所作诗都被收到了《兰亭集》中，王羲之乘醉而书的《兰亭集序》，则被后世称为"天下第一行书"。

《续齐谐记》记载了这样一段对话："晋武帝问尚书挚虞曰：'三日曲水，其义何指？'答曰：'汉帝时，平原徐肇以三月初生三女，而三日俱亡，一村以为怪，乃相携之水滨盥洗，遂因流水以滥觞，曲水起于此。'帝曰：'若此谈，便非嘉事。'尚书郎束晳曰：'挚虞小生，不足以知此，臣请说其始。昔周公卜成洛邑，因流水以泛酒。故逸诗云：羽觞随波流。又，秦昭王三月上巳置酒河曲，有金人自东而出，奉水心剑曰：令君制有西夏。及秦霸诸侯，乃因其处立为曲水祠。二汉相沿，皆成盛集。'帝曰：'善！'赐金十五斤，左迁挚虞为阳城令。"尚书郎束晳解释曲水流觞源于秦昭王三月上巳置酒河曲，为晋武帝所喜。以上谈话，可见晋代曲水流觞的形式已经风行于当时。

实际上，曲水流觞是从祓禊活动演变而来，先秦时代的祓禊只包括一些巫术仪式和水中沐浴，后来发展为宴饮，晋朝时又发展为曲水流觞和饮酒赋诗。不过，这样一来，这种古老的风俗就发生了性质上的变化：一是巫术意义消失了。如《梦粱录》载："三月三日上巳之辰，曲水流觞故事起于晋时。唐朝赐宴曲江，倾都禊饮踏青，亦是此意。"这说明，带有巫术色彩的上巳"祓禊"，到唐时只剩下饮酒踏青的内容了。二是参加曲水流觞的人只能是上层的达官显贵和文人，必须有相当高的身份和文学修养，如"兰亭禊集"，参加者都是当时的名流，一般的老百姓是没有机会的。

古代的帝王对曲水流觞之戏也十分喜好。如唐德宗李适《上巳诗》："佳节上元巳，芳时属暮春。流觞想兰亭，捧剑得金人……"北京故宫博物院中还建有禊赏亭，亭中砌有一水槽，九转回环，注入水可以流觞。

吃五彩蛋

上巳节民间还有吃五彩蛋之俗，相传此俗与商朝之始祖殷契诞生的传说有关。据《史记·殷本纪》记载："殷契，母曰简狄，有娀氏之女……三人行浴，见玄鸟堕其卵，简狄取吞之，因孕生契。"简狄为古代有娀氏族的女子，她与两个女友到水边洗澡时，吞下了鸟生的蛋，因而怀孕，生下了商朝的始祖——殷契。

从这个传说可以看出，古人迷信吃蛋能够有助于怀孕生子，因此，上巳节吃五彩蛋成为民间的风俗。人们在上巳节时，先将鸡蛋、鸭蛋或鹅蛋煮熟，染上各种颜色，并且还带上枣子，像流杯之戏那样，将彩蛋和枣子投入水中，蛋、枣顺流而下，人们各守候一处，当蛋、枣漂流到身边时取食。这叫作"曲水浮素卵"和"曲水浮绛枣"。晋诗人潘尼《三日洛水作》诗曰："羽觞乘波进，素卵随流归。"梁朝诗人江总《三日侍宴宣猷堂曲水诗》曰："醉鱼沈远岫，浮藻漾清漪。"都是说吃彩蛋这种风俗。

社日节

扶得醉人归

社日节是祭祀社神的日子。关于社神的由来,《礼记·祭法》载:"共工氏之霸九州也,其子曰后土,能平九州,故祀以为社。"以后土为社神还有一个神话:后土原名叫勾龙,是水神共工的儿子。共工长得人脸蛇身,满头红发,脾气暴烈。有一天,他和天神打仗,一怒之下竟把撑天的柱子撞断了,这一下天崩地裂,洪水泛滥。于是,女娲只好炼五色石才把破了的天补好。勾龙见父亲闯了大祸,心里非常难过。当女娲将天补好之后,他就把九州的大裂缝填平了。黄帝见勾龙贤明,便封他一个官叫后土,让他拿着丈量土地的绳子,专门管理四面八方的土地,也就成了人们所称的社神。

　　神话不足以信,但上古社日祭祀土地神却是事实。"社"按《说文解字》的解释:"社,地主也。"土地之主当然是土地神。《礼记·月令》曰:"择元日,命民社。"汉郑玄注:"社,后土也,使民祀焉,神其农业也。"汉应劭《风俗通义》引《孝经纬》曰:"社者,土地之主。土地广博,不可遍敬,故封土为社祀之,报功也。"可见"社"

就是土地之神。

社日分为春社和秋社。宋陈元靓《岁时广记》载："《统天万年历》曰：立春后五戊为春社，立秋后五戊为秋社。"汉代以前只有春社而无秋社，汉代后才有春秋二社。

古人在春天祭社神（土地神），以祈求社神保佑农业丰收。春社一般为立春后第五个戊日，约春分前后。古人在秋天祭祀社神，则是报答社神给人间带来的好收成。秋社在立秋后第五个戊日，约在秋分前后。宋代吴自牧《梦粱录》曰："秋社日，朝廷及州县差官祭社稷于坛，盖春祈而秋报也。"

社日的主题是"春祈而秋报"，其活动除了祭社神以外兼有乡邻会聚宴饮的性质。在古代，社日颇受人们重视。每逢春秋二社，朝廷与各级政府要举行正规的社祭仪式，民间则要举行社祭聚会，进行各式各样的社祭表演，集体欢宴。唐代诗人王驾有一首《社日》诗写得十分精

彩："鹅湖山下稻粱肥，豚栅鸡栖对掩扉。桑柘影斜春社散，家家扶得醉人归。"鹅湖山在江西铅山县，有鹅湖书院。此地湖山交映，阡陌纵横，稻黄桑绿，如诗如画一般。诗中一句"家家扶得醉人归"，传神地概括了乡民们欢度社日的情境。

宋代诗人杨万里的诗《观社》则描写得更为具体："作社朝祠有足观，山农祈福更迎年。忽然箫鼓来何处，走杀儿童最可怜。虎面豹头时自顾，野讴市舞各争妍。王侯将相饶尊贵，不博渠侬一晌癫。"真是乡人之乐社日为最，就是王侯将相之尊贵也不可比。

·祭祀社神·

祭祀社神是社日的主要活动，此活动大体分为官府和民间两个层次。

在中国古代，"社稷"是国家与皇权的代称。《商君书·更法》载："代立不忘社稷，君之道也。"社是五土（山林、川泽、丘陵、坟衍、原隰）的总神，稷是五谷（稷、稻、黍、麦、豆）之首，被尊为谷神。所以，在古代祭祀社神和谷神是头等的大事。汉班固《白虎通·社稷》载："王者所以有社稷何？为天下求福报功。人非土不立，非谷不食。土地广博，不可遍敬也；五谷众多，不可一一祭也。故封土立社示有土尊；稷，五谷之长，故立稷而祭之也。"

东汉以前，祭社一般在春天，并不拘于哪一天，每年一祭。东汉建武二年（26年），光武帝刘秀下令在洛阳的宗庙之右建立社坛。坛建成后，又规定每年二月、八月和十二月分别进行春祭、秋祭和冬祭。不久，冬祭被取消，只剩下春、秋二祭，同时规定春社的社日在立春后第五个戊日，秋社的社日在立秋后第五个戊日。

现在，北京中山公园还有座社稷坛，是明、清帝王祭土地、谷神的地方，为明朝永乐十八年（1420年）所建。坛为汉白玉石砌成的三层方台，上铺黄（中）、青（东）、红（南）、黑（北）、白（西）五色土，以象征五行。坛北为祭殿（今为中山堂）和戟门。自清朝被推翻之后，这里就不再有祭祀活动。

应该说，祭祀社神一开始是朝廷的礼法，规模宏大，礼仪肃穆而繁杂。后来，乡民的宗祠也仿效朝廷祭祀，并融入许多有地方特色的庆祝活动，成为民俗。民社的社坛原来是没有什么神灵的，东汉之后，出现了"社公"的概念。公，就是翁的意思，民社的祭坛就出现了"土地公公"这个具体的神仙。古典小说里的小仙常自称为"当方土地"，就是社神的嬗变。

往后，民社的祭坛不但有"土地公公"，还增添了许多具体的历史人物。清顾禄《清嘉录》卷二说："今土地庙乃有陆宣公、子胥、武侯、卫公之称，则合地祇人鬼而一也。"这里称陆宣公的，是唐代名臣陆贽，子胥则为春秋吴国大夫伍员，武侯为三国蜀相诸葛亮，卫公为唐朝宰相李德裕，都是著名的历史人物。

有趣的是，宋元以前有些地区的土地庙里还有社公、社母两个形象。宋陈元靓《岁时广记》卷十四载："社公、社母不食旧水，故社日必有雨，谓之'社翁雨'。"陆游《小圃独酌》诗云："数点霏微社公雨，两丛闲淡女郎花。"人们不但考虑到不让土地老儿鳏居独处，还考虑到他们夫妇的饮食卫生，由此可见人们崇神敬神之意。

·喝社酒、吃社饭·

在晋以后，社日醉酒一直到唐宋时代都是乡村社会的一个特色民俗。南朝梁宗懔《荆楚岁时记》载："社日，四邻并结综会社，牲醪，为屋于树下，先祭神然后飨其胙。"一到社日，乡间四邻结社而合，在树下建社坛，带着祭祀的牲畜和醇酒，先祭社神而后欢饮，醉饱而归。《北史·李士谦传》曰："士谦宗族豪盛，二社会宴，饮醉喧哗。"李士谦的宗族势力很大，逢春秋二社，宗族人氏饮酒吃肉，场面喧哗而热闹。

宋代的社日，乡人饮酒的场面更为热闹。陆游写过一组关于社日的诗，"百谷登场酒满卮，神林箫鼓晚清悲"（《社日》），言社日的酒已经准备好；"幼学已忘那用忌，微聋自乐不须医"（《社日》），古人称社酒治聋；"倾家酿酒无遗力，到社迎神尽及期"（《社饮》），到了社日这天，家家户户都要把自家酿的酒拿出来，为筹办社日宴饮，人人要出力；"先醉后醒惊老怠，路长足蹇叹归迟"（《社饮》），一醉方休，酒醒后，回家也晚了；"醉归怀余肉，沾遗偏诸孙"（《社肉》），归来时还要带上一些没有吃完的肉给孙子们吃。在社日，社酒给乡村百姓带来了极大的快乐，无形中也缓解了他们生活中沉重的压力。

社日除了饮酒，还要吃社饭。孟元老《东京梦华录》说："八月秋社，各以社糕、社酒相赍送。贵戚、宫院以猪羊肉、腰子、奶房、肚肺、鸭饼、瓜姜之属，切作棋子

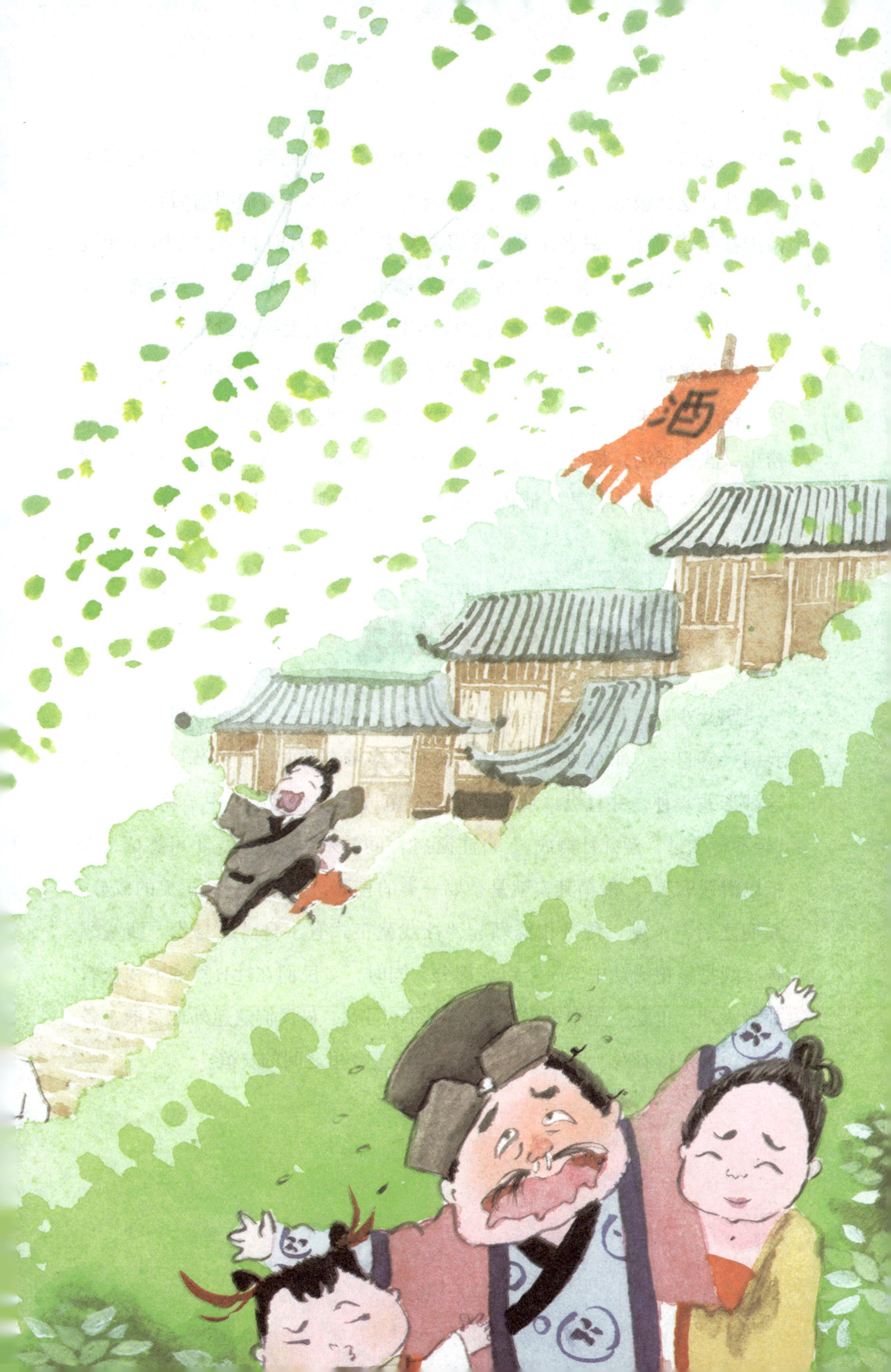
酒

片样，滋味调和，铺于饭上，谓之'社饭'。"贵州的铜仁市到现在还保留着春社日吃社饭的古风。《铜仁光绪府志》记载："三月清明前后数日，翦白纸挂于祖墓上，谓之挂青；若服未阕者，先于社日扫墓，以野菜和饭祀之，谓之社饭。"铜仁社饭的原料有糯米、大米、熟腊肉、青蒿菜、苦蒜（野葱），制作时，先把腊肉切成小丁，苦蒜去根须切成短节；蒿菜洗净（只用嫩叶），切成短节，揉出苦水挤干水分，入锅用茶油炒至转黄待用；糯米、大米淘洗干净，糯米用水浸泡；大米先放入沸水锅中稍煮片刻捞出，滤去米汤；最后再把糯米、大米混合一起，放入腊肉丁、苦蒜、蒿菜、盐、味精拌匀，放入甑内，用大火蒸熟即成。揭开锅盖，香气盈室，其味妙不可言。

唱社戏

唱社戏不仅是娱乐，在古代也是娱神的节目之一。唐朝以后，百戏在我国兴盛起来，那时的社日活动，就有许多带有杂耍性质的节目，人们以这种形式娱神，并且纵情戏耍取乐。宋范成大《上元纪吴中节物》记载："轻薄行歌过，颠狂社舞成。"自注说："民间鼓乐谓之社火，不可悉记，大抵以滑稽取笑。"滑稽其实就是杂耍一类的表演，可能有一些逗笑的成分。元明之后，杂剧、传奇相继崛起，社戏就正式有了自己的身份。演戏酬神，既是祭祀活动中的一个组成部分，同时，乡民们在社日里痛痛快快看几台大戏，也是一年中难得的娱乐活动。届时，村民们遍邀外地乡戚，备酒备饭，招待看戏，在娱乐的同时又能增进乡里之间的友谊。

天贶节

家家晒龙袍

宋真宗景德元年（1004年），契丹大举进犯中原，一时烽烟四起。宋真宗采纳了宰相寇准的主张，军民一扫畏战情绪，积极迎战，一举收复了幽州。打了胜仗本应班师庆贺，但在求和派王钦若的影响下，宋真宗反而与契丹签订了"澶渊之盟"。宋真宗假托农历六月六日梦中从泰山得天书，随后带领一大队人马到泰山封禅。为谢上天赐予天书，还在泰山的岱庙修建了天贶殿，并赐天贶殿匾额。后来，宋真宗还将得到天书的六月六日定为"天贶节"。

天贶即天赐的意思。《晋书·乐志上》载："天贶来下，人祗动色，抑扬周监，以弘雅音。"宋真宗以得泰山天书为由制定天贶节，本是自欺欺人，但从文化发展的意义来说，天贶节的产生，不仅为老百姓增添了一个节日的活动，也为后世积淀了诸多的民俗文化元素。

到了南宋时期，南宋朝廷又将此日作为崔府君（府君是旧时对神的敬称）诞辰的纪念日。崔府君为唐时人崔珏。明弘治年间《潞州志》记载：崔珏为唐乐平（今山西平定县）人，生于隋开皇五年（585年）六月六日。唐贞观七年（637年）举进士，入仕途后任潞州长子县令。据《列仙全传》记载：崔珏似为半人半神，他"昼理阳间事，夜断阴府冤，发摘人鬼，胜似神明"。宋高宗称崔珏在安史之乱时有磁州"护驾"之功，乃建宫观于临安供奉香火。宋吴自牧《梦粱录·六月》载："六月初六日，敕封护国显应兴福普佑真君诞辰，乃磁州崔府君……此日内庭差天使降香设醮，贵戚士庶，多有献香化纸。是日湖中画舫，俱舣堤边，纳凉避暑，恣眠柳影，抱挹荷香，散发披襟，浮瓜沉李，或酌酒以狂歌，或围棋而垂钓，游情寓意，不一而足。盖此时铄石流金，无可为玩，姑借此以行乐耳。"南宋之时，临安（杭州）屡屡处于金的威胁之下，因此南宋的官僚及百姓借纪念崔珏，一是为求保佑，一是尽情享乐，以消弭战争的压力。这正合南宋诗人林升游临安时的感慨："山外青山楼外楼，西湖歌舞几时休。暖风熏得游人醉，直把杭州作汴州。"

回娘家

天贶节由于与民间的"六月六""回娘家节"为一天,因此,出嫁的女儿回娘家、晒衣和晒经书、藏水也就自然成了天贶节的习俗。关于妇女回娘家有这样一个传说:

春秋战国时期,晋国宰相狐偃恃权势而骄横,其亲家赵衰直言数落其行,反被气死。狐偃的女婿打算在六月六日行刺他,为父亲报仇。狐偃的女儿知道后,星夜赶回娘家报信,让父亲有个准备。后来,狐偃出京城放粮赈灾时,亲见百姓疾苦,懊悔不已,深深自责。他于六月六日亲自登门向女婿认错,翁婿和好,倍加亲善。为了记住这个教训,狐偃每年六月六日都把女婿、女儿接回家里,合家团聚。这一做法后来传到民间,百姓

个个模仿，逐渐成了妇女回娘家的节日，民间又称为"姑姑节"。

上述传说有可能是民间对回娘家习俗的附会，实际上，农历六月六日回娘家是有其原因的。一般来说，在农村，女儿回娘家要看夫家是否得闲，家里的农活忙不忙，如农忙时节是绝对不可以的。农历六月六日正是农闲期间，这时回娘家正是时候，所以民谚说："六月六，请姑姑。"妇女回娘家时一般还要带上孩子，让孩子去看姥姥、姥爷，归来时，还要在前额印上红记，作为辟邪求福的标记。河南妇女回娘家时，要包饺子，敬祖先。妇女要在祖坟旁边挖四个坑，每个坑中都放饺子，作为扫墓供品。

晒书、晒衣物

农历六月六日民间还有晒书、晒衣物之俗。这种习俗的来源有三种说法：

第一种说法，上承宋真宗梦得泰山天书的委托，附会道教元始天尊赐书于人间。民间还传说九天玄女赐天书给宋江，让他替天行道，扶危济贫。无论是谁降天书，宫廷和民间都不究其真伪，并以此为据，盛行晒书、晒衣之俗，凡珍藏的书籍、歌本、契约等，都要拿出来翻捡曝晒。明刘侗、于奕正《帝京景物略·春场》载："六月六日，晒銮驾。民间亦晒其衣物。老儒破书，贫女敝缊，反覆勤日光，晡乃收。"清顾禄《清嘉录·六月·晒书》记载："六日，故事：人家曝书籍图画于庭，云蠹鱼不生。"

第二种说法，民间传说六月六是龙晒鳞的日子。一般此日天气晴朗，烈日当空，正好晒易于霉变的书籍和衣物。河南有民谚曰："六月六晒龙衣，龙衣晒不干，连阴带晴四十五天。"扬州有民谚曰："六月六，家家晒红绿。""红绿"指五颜六色的各样衣服。江南地区的黄梅天，藏在箱底的衣物容易长霉，取出来晒一晒，可免霉烂。此谚的后一句，又作"家家晒龙袍"。

扬州传说，乾隆皇帝在扬州巡游时恰逢大雨，淋湿了外衣，又不好意思借百姓的衣服，只好等待雨过天晴，将湿衣晒干再穿，恰好这天是六月六，因而流行"晒龙袍"之说。民间还认为，此日晒的书和衣物不容易霉变。

第三种说法出自《西游记》。传说唐僧去西天取经路过通天河时，波涛凶险，多亏一只老鼋把他们师徒驮了过去。老鼋托唐僧向西天佛祖打听它为什么升不了天。谁知唐僧忘了此事，回来时对老鼋无法交代，老鼋一怒把他们掀翻在通天河里，取来的经书全部浸湿。无奈，师徒们只得在岸边的石头上把经书晒干了再走。这一天，刚好是六月六。因此，六月六也是佛寺的节日，叫作"翻经节"，佛寺在这一天要晒经。《京都风俗志》载："六月六日，佛寺有晒经者，自是出郭游览者亦众，城外一二里，茶轩酒舍，上罩芦棚，下铺阔席，围遮蜜树，远护疏篱，游人纳凉其中，皆盛有趣。"

◆浴猫狗、洗象与藏井水◆

六月六，古代有浴猫狗的习俗。顾禄《清嘉录》载："谚云'六月六，狗馈醮浴'。谓六月六日牵猫犬浴于河，可避虱蛀。"清郭麟撰《浴猫犬词》曰："六月六，家家猫犬水中浴。不知此语从何来，辗转流传竟成俗。"这种浴猫狗的习俗不知成因为何，但总是一种符合健康卫生的习惯。

清代北京六月的"天贶节"，朝廷为显示四海升平的气象，往往在此时举行"洗象"仪式。是日，整个北京城都沸腾起来了——通往宣武门西的"洗象"城壕处，食货络绎，游骑纷沓，百戏如云，车辆似阵⋯⋯许多贵族士女、文人墨客、平民百姓蜂拥而至，争相观看"洗象"的盛景。有《竹枝词》曰："玉水轻阴夹绿槐，香车笋轿锦成堆。千钱更赁楼窗坐，都为河边洗象来。"诗人方朔有《洗象行》一诗，记载得更为详细：

壮哉雄物此大观，

立地平山拖一线。

红旗摇曳征鼓鸣，

摧颓蹴踏驱之行。

泥深水浅足力重，

陡然潮涨东西平。

一蛮奴跨方腾赶，

众蛮奴搏浑浆跃。

雨作涛翻十丈飞，

何处蛟鼍掀大壑？

前者未起后者趋，

水中岸上交欢呼。

在六月六日，民间还有一种藏井水的风俗。明沈榜《宛署杂记》卷十七载："六月六日，各家取井水收藏，以造酱醋，浸瓜茄。水取五更初汲者，即久收不坏。"这种藏井水而不坏的习俗应该是出自古人的生活经验。

扫晴娘

六月如果大雨将至，或者天气连阴不止，闺中儿女剪纸人悬挂在门的左边，称"扫晴娘"。《燕京岁时记》载："六月乃大雨时行之际，凡遇连阴不止者，则闺中儿女剪纸为人，悬门于左，谓之扫晴娘。"这是一种类似巫术的习俗，目的是把阴云驱散，以迎来阳光充足的晴天。这种巫术剪纸在中国北方广为流传，如陇东地区称为扫天婆、扫天娃娃、驱云婆婆等。所剪的纸人皆为妇女形象，两臂前伸，两只手各持扫帚或树枝，好像在驱云赶雨。

夏至节

一阴已复生

夏至午之半，一阴已复生。

坚水亦驯至，顾岂一朝成。

万物方茂悦，安知有彫零。

君子感其微，恸笑几失声。

这是元朝赵孟頫的一首《夏至诗》。夏至后，阴气渐生，白天慢慢变短。这个过程就像冰逐渐凝固，都不是一朝一夕完成的。譬若此时，万物一边繁盛喜悦，一边凋零暗生。智慧的人，常能察觉到这些微小的变化，因而感慨万千。

夏至为二十四节气之一，时间大约在农历六月二十一或二十二日。夏至一到，表示夏天已来临。夏至前一个节气为芒种，芒种之日

螳螂生，又五日始鸣，又五日反舌无声，又五日即夏至，是以《孝经纬》云："小满后十五日，斗指丙，为芒种。后十五日，斗指午，为夏至。"芒种后十五天为夏至，该日日照最长至终极，北半球白昼从此渐短。夏至是白天最长的一天。根据古人的经验，夏至日当日的阴晴对整个夏日影响很大，民谚曰："夏至无云三伏热。"如果夏至这天万里无云，整个夏天必然酷热难耐；如果夏至这天下雨，则称为"淋时雨"，这就预兆今年的收成很好。

夏至节在汉代就已形成，到宋代时，政府官员还放假三天。《辽史·礼志》记载："夏至之日，俗谓之'朝节'。妇人进彩扇，以粉脂囊相赠遗。"

清代的夏至日则有许多禁忌。《清嘉录》卷五记载："夏至日为交时，曰头时、二时、末时，谓之三时。居人慎起居，禁诅咒，戒剃头，多所忌讳……"此说虽然有些迷信色彩，但说明古人对夏至日的重视，对天地鬼神的崇拜。

祭田公、田婆

在夏至节，浙江金华、衢州一带地区有祭田公、田婆之俗。田公、田婆又称"五谷神"，每年农事活动中要祭拜数次，祈求保佑风调雨顺，不发生虫害，五谷丰登。衢州一带祭田公、田婆时，要用大年三十用过的香、纸、

烛，燃放鞭炮。江山、常山、开化等地，则在农历六月六将供品摆在田塍交叉口，敬香焚纸，求田公、田婆保丰收。开化城关一带甚至每畦田都建有供奉田公、田婆的土地庙，祭祀起来十分方便。这种民俗说明，旧时的农业社会靠天吃饭，缺乏抗御自然灾害的能力，只有祈求神灵保佑。

夏至期间，衢州地区还有举办开镰节的习俗。届时先祭田公、田婆，将三张黄纸压在田头，燃点香烛祈祷。家家做圆果挑到田头当点心，有的还请邻田的人同吃。开镰还要吃开镰饭，盛备酒肴肉菜，同村人一起吃喝，共庆丰收。

广东阳江地区的开镰节更为热闹。夏收开镰割禾前一天为"开镰节"，这一天，各家各户要做面饼、茶，备酒。晚上，在村边旷野处，置八仙桌两张，举行"跳禾楼"对歌活动。一人化装成宿佬，一人化装成禾娘，登台对"大话歌"（扯谎歌），歌词颠倒，内容反常，经常引起观众阵阵笑声。相传此俗为刘三姐所传。

旱龙祈雨

夏至日农村还流行求雨的风俗。如果这一年气候反常，农田缺水干旱，农民就要组织起来到龙王庙拜祭，祈求龙王降雨，或者请道士、法师诵经求雨。有些地区还有舞"旱龙"求雨等风俗。"旱龙"以草绳扎紧做龙的筋骨，外面再用稻草扎成龙身，长约五米左右，身上插满点燃的香。舞龙者多为男性青壮年，事前要在神庙住宿、斋戒。舞龙时不准戴草帽、穿雨衣、打雨伞。舞龙经过的地方如遇河涌、水潭、池塘等积水之处，必须让龙跃下水中再上岸起舞。妇女听到舞"旱龙"的锣鼓声，必须回避，不能观看。

吃夏至面

民谚曰："冬至饺子夏至面。"意思是说夏至要吃面。这种习俗主要流行于北方，如山东地区夏至日普遍要吃凉面条，俗称过水面，意为防暑降温。胶东长岛还有民谣："立秋饺子入伏面。"近人胡朴安在《仪征岁时记》记载："夏至节，人家研豌豆粉，拌蔗霜为糕，馈送亲戚，杂以桃杏花红各果品，谓食之不疰夏。"

在夏至后第三个庚日即进入伏天，这也就是说，夏至后一天比一天炎热，人们往往食欲不振，开始消瘦，即"苦夏"。所以，夏至日民间讲究吃食主要是保健身体，以适应炎热的伏日到来。

除了吃面以外，南方的吃食更为丰富。如江苏地区夏令饮食有"三鲜"之说：地上三鲜为苋菜、蚕豆和杏仁；树上三鲜为樱桃、梅子和香椿；水中三鲜为海丝、鲥鱼和咸鸭蛋。三鲜中的苋菜，南方还有"六月苋菜当阉鸡"之说，意思是六月的苋菜营养丰富，可以当成阉鸡来补养人。

夏九九

古人在冬季有《九九消寒图》，通过数九，盼望寒冷赶快过去，春天早日到来。有趣的是，古代还有"夏九九"，如陆泳在《吴下田家志》中记载的《夏至九九歌》：

一九二九，扇子不离手。

三九二十七，冰水甜如蜜。

四九三十六，拭汗如出浴。

五九四十五，头戴秋叶舞。

六九五十四，乘凉入佛寺。

七九六十三，床头寻被单。

八九七十二，思量盖夹被。

九九八十一，家家打炭墼。

意思为，一九、二九，人们已离不开扇子；三九之热，冰水是甜如蜜的饮料；四九汗流得多如洗浴一般；

五九已临近立秋，头上的秋叶舞起来了；六九进入秋季，佛寺中已经非常凉快了；七九的晚上已有寒意，睡觉要盖被子了；八九时则需要盖夹被了；九九时秋分就将来临，家家都要把炭末和成泥，再打成圆柱形的炭墼。

从《夏至九九歌》可以看出，夏九九与冬九九是完全相对应的：冬九九是从冬至开始计算，夏九九则从夏至开始计算；冬天冷在三九、四九，夏天热在三九、四九。这种对应关系，既反映了时序的变化规律，也反映了古人善于总结生活经验的智慧。

七夕节

小妇拜天孙

迢迢牵牛星，皎皎河汉女。

纤纤擢素手，札札弄机杼。

终日不成章，泣涕零如雨。

河汉清且浅，相去复几许。

盈盈一水间，脉脉不得语。

这是汉代《古诗十九首》中的一首，文辞优美，记述了牛郎与织女隔天河相思的传说。不过，这只是牛郎织女故事的雏形，较为详细的记载，一是见于南朝梁吴均的《续齐谐记》："桂阳（今湖南省郴州市）成武丁有仙道，常在人间，忽谓其弟曰：'七月七日，织女当渡河，诸仙悉还宫，吾向已被召，不得暂停，与尔别矣。'弟问曰：'织女何事渡河？兄当何还？'答曰：'织女暂诣牵牛，吾复三年当还。'明日失武丁。至今云织女嫁牵牛。"

一是见于南朝梁殷芸《小说》（明冯应京《月令广义·七月令》引）："天河之东有织女，天帝之子也。年年机杼劳役，织成云锦天衣，容貌不暇整。帝怜其独处，许嫁河西牵牛郎。嫁后遂废织紝，天帝怒，责令归河东，许一年一度相会。"

以后的民间传说则有了更多的故事情节：牛郎父母早亡，从小跟着哥嫂生活。后来，嫂嫂不贤，牛郎被迫分家出来，与一头老牛相依为命。有一天，织女和诸仙女下凡游戏，在河里洗澡，老牛突然说话教牛郎去取织女的衣裳，后来，织女便做了牛郎的妻子。婚后男耕女织，有一儿一女，生活幸福美满。数年后，王母娘娘知道了此事，押解织女回天庭。牛郎上天无路，万分悲愤。老牛则触断头上的牛角，变成一只小船，让牛郎挑着儿女登上牛角船，腾云追去。眼看快要追上了，王母娘娘忽然拔下头上金簪，在天空一划，顿时出现了一条波浪滚滚的天河。牛郎与织女无法过河，只有在河东河西遥望对泣。但他们的遭遇，感动了喜鹊，无数喜鹊飞来，搭成一座跨越天河的桥，牛郎织女登上鹊桥，在天河上相会。王母娘娘无奈，只好允许牛郎和织女每年七月七日在鹊桥上会面。

　　七夕节的形成肯定与这个故事在民间的流传有关，但它的渊源可能在春秋战国时期，如《诗经·大东》中记载："跂彼织女，终日七襄。虽则七襄，不成报章，睆彼牵牛，不以服箱。"还有明代罗颀《物源》中也写道："楚怀王初置七夕。"不过那时的七夕，是祭祀牵牛、织女星，并无后面的故事。直到汉代，七夕节才与牛郎织女的故事联系起来，并且正式成为一个节日。如东汉应劭撰的《风俗通义》载："织女七夕当渡河，使鹊为桥。"又如西汉刘歆的《西京杂记》载："汉彩女常以七月七日穿七孔针于开襟楼，人俱习之。"

乞巧

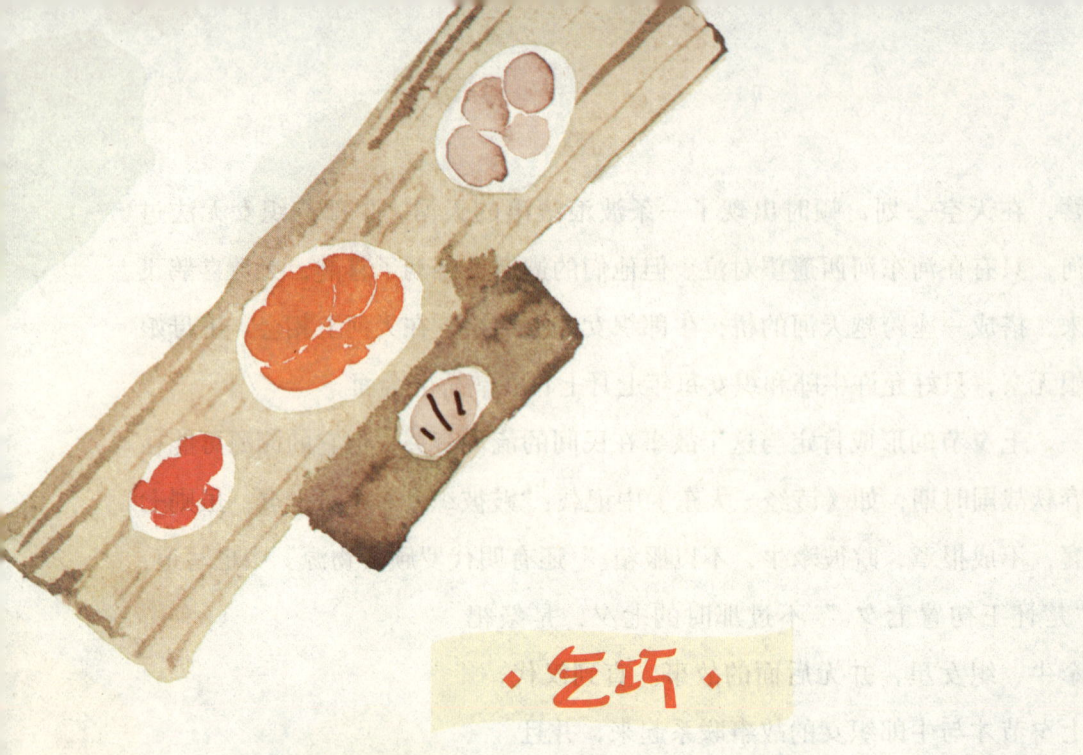

七夕节的主要目的是乞巧,也就是妇女们乞求有一双与织女一样灵巧的手。我国民间流行一首《乞巧歌》:

巧娘娘,乞巧来,

梧桐树下花儿开。

花儿开,树儿摆,

我把巧娘迎下来。

…………

我给巧娘献西瓜,

巧娘教我铰菊花。

我给巧娘献蜜桃,

巧娘教我来绣描。

……

宋代吴自牧的《梦粱录》记载:"七月七日,谓之七夕节。其日晚晡时,倾城儿童女子,不论贫富,皆着新衣。富贵之家,于高楼危榭,安排宴会,以赏节序。又于广庭中设香案及酒果,遂令女郎望月,瞻斗列拜,次乞巧于女、牛。或取小蜘蛛，以金银小盒盛之，次早观其网丝圆正，名曰得巧。"

民间流行多种乞巧的方法：

一种是"丢针卜巧"，就是占卜女孩子将来是笨还是巧。明刘侗、于奕正的《帝京景物略》说："七月七日之午丢巧针。妇女曝盎水日中，顷之，水膜生面，绣针投之则浮，看水底针影。有成云物花头鸟兽影者，有成鞋及剪刀水茄影者，谓乞得巧；其影粗如锤、细如丝、直如轴蜡，此拙征矣。"此法是看针在水中所呈现的针影，如果成为云彩、花朵、鸟兽之形，就是得巧。反之，若呈现细如线、粗如槌的影子，就是未能得巧。清人王士禛有《都门竹枝词》曰："七月针楼看水痕，家家小妇拜天孙（天孙即织女）。"

一种是"赛巧"。七夕晚上，民间妇女比赛穿针引线，各人手拿丝线，对着月光穿针，看谁先穿过就是得巧。乞巧用的针还分双孔、五孔、七孔、九孔之多。

一种是"乞巧"。《荆楚岁时记》载："七月七日为牵牛织女聚会之夜。是夕，人家妇女结彩缕，穿七孔针，或以金银鍮石为针，陈瓜果于庭中以乞巧。有喜子网于瓜上，则以为符应。"喜子就是蜘蛛，如果蜘蛛在供果上结网，就表示乞巧应验了。《秘阁闲话》记载：蔡州有位丁姓女子，十分擅长女红。有一年七夕乞巧时，一颗流星掉在香案上，第二天早上一看，原来是只金梭，从此之后她巧思益进，成为有名的巧手才女。

在江南和江北一带，都有七月初七送健绳的风俗。传说，王母娘娘用银簪在牛郎织女之间划一天河，隔开了两人。喜鹊却搭鹊桥让牛郎织女相会，而造桥用的许多绳子，就是端午节给小孩子拴在手腕上的彩绳（因象征健康，又取名健绳）。人们同情牛郎织女的遭遇，于是，相约在七月初七的前一天晚上，解下孩子手腕上的健绳扔到屋顶或窗台上，让喜鹊去搭桥。

拜织女、拜魁星

七月初七夜，民间还流行拜织女、拜魁星之俗。

"拜织女"是少女、少妇们的事。七夕之前，她们预先约好朋友或邻里五六人，多至十来人，一起举办。举行的仪式为：先在院子里摆一张供桌，桌子上置茶、酒、水果、五子（桂圆、红枣、榛子、花生、瓜子）等供品，又将几束鲜花、几张红纸插于瓶子里，花前置一个小香炉。参加拜织女的少妇、少女们，事先要斋戒一天，并且沐浴洁身。祭拜时，先于案前焚香叩头，然后大家一起围坐在桌前，一面吃花生、瓜子，一面朝着织女星默念自己的心事。如少女们希望美如嫦娥或嫁个如意郎君，少妇们则希望早生贵子等，都可以向织女星默祷，玩到半夜始散。

女人拜织女，男人则拜魁星。魁星就是魁斗星，是黄道二十八宿中的奎宿，为北斗七星的第一颗星，也称魁首。古代读书人中状元时称"大魁天下

士"或"一举夺魁",都是因为魁星主掌考运的缘故。民间认为七月七日是魁星的生日,读书人想求取功名,七夕这天一定要祭拜魁星爷,祈求他的保佑。

　　拜魁星仪式也在月光下举行:事先要糊一个纸人(魁星),高二尺许,宽五六寸,蓝面环眼,锦袍皂靴,左手斜捋飘胸红髯,右手执朱笔,置案上。祭品不可缺的是羊头(公羊,留须带角),煮熟,两角束红纸,置盘中,摆魁星像前。其他祭品茶酒等随便。拜魁星时,先鸣炮焚香,大家一一叩头礼拜,然后在香案前围桌会餐。

　　席间还要玩一种"取功名"的游戏:以桂圆、榛子、花生三种干果,代表状元、榜眼、探花三鼎甲,以一人手握上述三种果干各一颗,往桌上投,随它自行滚动,滚到某人跟前停止下来,那么,某人即状元、榜眼或探花;

如投下的干果都滚偏，则大家都没有功名，须重新再投，称"复考"；都投中，称"三及第"；其中二颗方位不正，比如桂圆、榛子都不中，只花生到某人跟前，某人即中"探花"。这样投一次，饮酒一巡，称"一科"。如果"一科"出探花，大家向"探花"敬酒一杯。敬酒的"落第考生"下"一科"继续求取"功名"，而有了"功名"就退席。这样吃吃玩玩，一直玩到大家都有"功名"为止。散场时，鸣炮、烧纸钱，魁星像也和纸钱一起焚烧。

种生求子

江南一带还流行"种生求子"之俗。在七夕前几天，先在小木板上敷一层土，播下粟米的种子，让它生出绿油油的嫩苗，再摆一些小茅屋、花木在上面，做成田舍人家小村落的模样，称为"谷板"。或将绿豆、小豆、小麦等浸于瓷碗中，等它长出数寸的芽，再以红、蓝丝绳扎成一束。这就是"种生"，又叫"五生盆"或"生花盆"，目的是为求子。南方各地也称为"泡巧"，将长出的豆芽称为巧芽。乞巧时以巧芽取代针，抛在水面乞巧。这样种生又有了乞巧的意义。

为了求子，古人还制作玩偶。北宋时的汴京，到了七夕前几天，市面上要卖一种叫"磨喝乐"的泥制小人玩偶，最大的高三尺，与真的小孩相差无几。后来又发展为以象牙雕镂或用龙涎佛手香雕成，甚至以金银铸造而成。"磨喝乐"既是妇女乞子时所供的吉祥之物，又是大人小孩的玩偶。七夕节供奉"磨喝乐"时，妇女手中经常拿着一枝荷叶。在七夕时，许多小孩子也都打扮得服饰鲜丽，手持荷叶，在大街小巷游行嬉戏。

除"磨喝乐"以外，市面上还会推出各式应节的特殊产品。例如以蜡铸成的牛郎、织女，或凫雁、鸳鸯、龟鱼等动物，称之为"水上浮"。妇女买回家浮于水上，以为宜子之祥，称为"化生"。

中元节

小儿竞把青荷叶

清代诗人庞垲的《长安杂兴效竹枝体》一诗，形象地描绘了中元夜儿童持荷叶灯结伴游乐的情景：

万树凉生霜气清，

中元月上九衢明。

小儿竞把青荷叶，

万点银花散火城。

中元节，民间又习惯称之为盂兰盆节。中元节与盂兰盆节虽然都在农历七月十五日，但却是两个完全不同的节日。中元节起源于道教，盂兰盆节却起源于佛教。但民间往往将二者混为一谈，这是不了解两个节日的文化内涵的缘故。

中元节最早起源于汉代五斗米道的"三官"（天、地、水）信仰。北魏时，寇谦之改革天师道，清整"三张伪法"，于是将三官与三元相结合。《古今图书集成·神异典》卷四十六引《蠡梅集》曰："盖天气主生，地气主成，水气主化，用司于三界。而三时首月之望候之。……三元正当三归宫，故曰三官也。"故以农历的正月十五为上元，七月十五为中元，十月十五为下元。

盂兰盆节起源于佛教目连救母的传说。据《盂兰盆经》记载：目连始

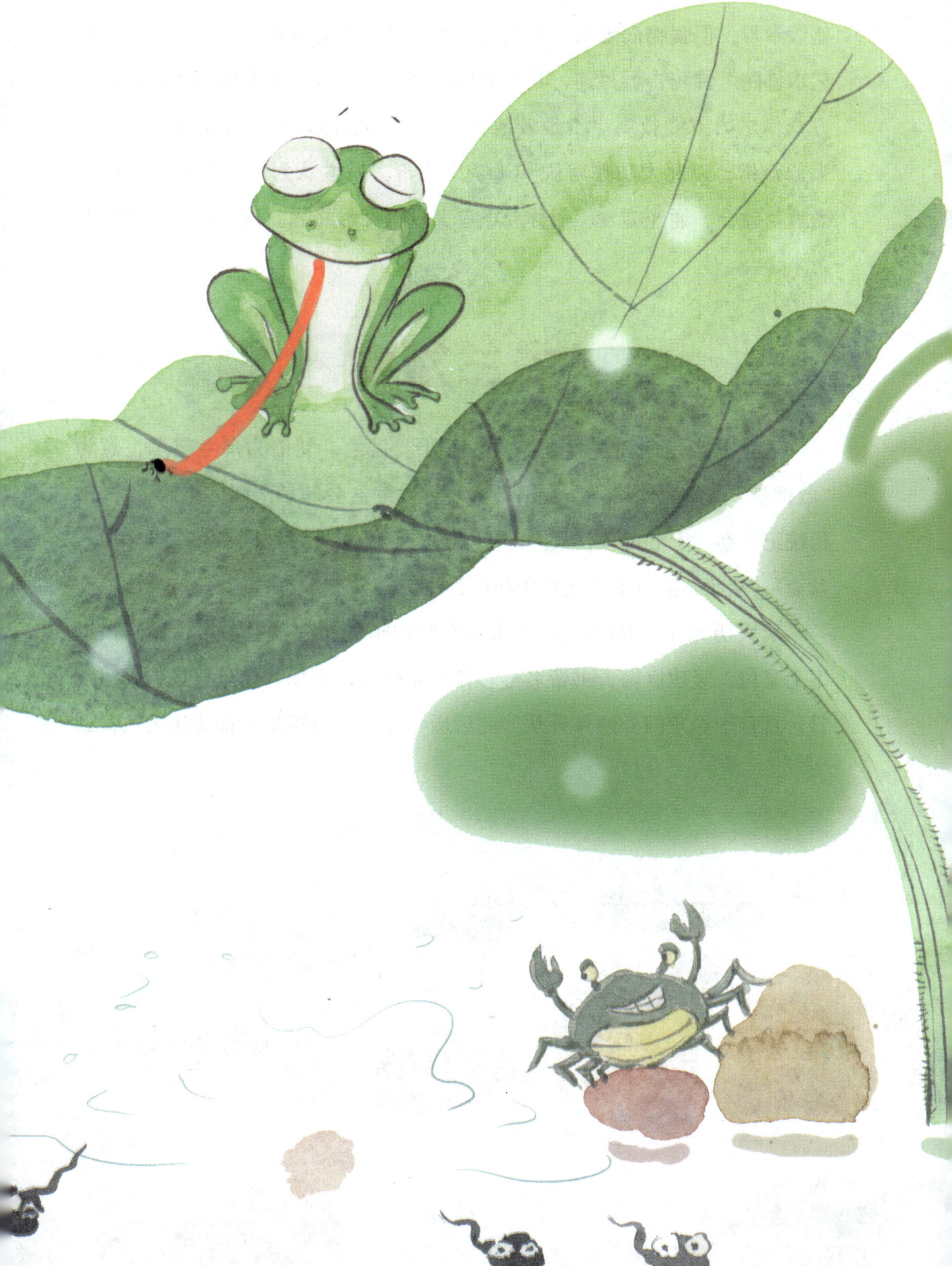

得六通后，想要度化父母以报哺育之恩，却发现亡母生于饿鬼道中。目连盛饭奉母，但食物尚未入口便化成木炭，其母不能得食。目连哀痛，于是乞求佛陀。佛陀告诉目连，其母罪根深结，非一人之力所能拯救，应仗十方众僧之力方能救度。于是教他在七月十五僧自恣日，为父母供养十方大德众僧，以此大功德解脱其母饿鬼之苦。后世认为一切孝顺子孙都应做盂兰盆会，诵经施食，俗称放焰口，以报父母之恩。这就是盂兰盆节的由来。

盂兰盆会

　　盂兰盆会也叫盂兰盆斋、盂兰盆供。盂兰，梵语为乌兰婆拿，意为"救倒悬"；盆为食器。在中国最早举行盂兰盆会的是南朝的梁武帝。《佛祖统纪》卷三十七记载，大同四年（538年），梁武帝在同泰寺举办"盂兰盆斋"，从此，盂兰盆会遂在民间广为流传。

　　唐大历元年（766年），唐太宗在宫内道场祈建盂兰盆会，设高祖以下七圣位，竖建巨幡，书帝名号。自太庙迎入内道场，梵乐悠扬，旌幢蔽日。百官于光顺门外迎拜导从。此后历年如此，每年皇家都要送盂兰盆到

各官寺，献供种种杂物，一路上鼓乐齐鸣，仪仗整齐，十分热闹。民间的施主也不甘落后，纷纷到各寺献供。据日本园仁《入唐求法巡礼行纪》卷四说："时长安诸寺七月十五日作花蜡、花瓶、假花果树等，各竞奇妙，常例皆于殿前，广陈供养，倾城巡寺随喜，甚为壮观。"

中元节
小儿竞把青荷叶

到了宋代，中元节的盂兰盆会更为兴盛。《东京梦华录》卷八载："七月十五日中元节。先数日，市井……及印卖《尊胜目连经》。又以竹竿斫成三脚，高三五尺，上织灯窝之状，谓之盂兰盆，挂搭衣服、冥钱其上，焚之。拘肆乐人，自过七夕，便搬演《目连救母》杂剧，直至十五日止，观者倍增。"寺僧还在这一天向施主募钱米，为之荐亡。

直至现在，我国的许多寺庙都在举办规模不同的盂兰盆节法会。如北京的广济寺、杭州的灵隐寺、济南的灵岩寺等。

· 祭祖 ·

中元节又称为鬼节，意为祭祀祖先的灵魂。民间传说阴间的阎罗王于每年七月初一打开鬼门关，放出一批无人奉祀的孤魂野鬼到阳间来享受人们的供祭。七月的最后一天，关鬼门之前，这批孤魂野鬼再返回阴间，所以七月又称为鬼月。

南宋吴自牧《梦粱录》载，中元节时，人们要做"麻谷窠儿者，以此祭祖宗，寓预报秋成之意"。中元节正值秋收季节，这是以收成告慰祖先，祈求祖先的保佑。明清时代的北京地区，人们在中元节这天，要摆上果品祭奠自己的祖先，或者把装有冥银的包裹当主位，用三碗水饺或其他果品为祭，上香行礼后将包裹在门外焚化。有的还要到坟上烧纸钱，祭祀的规模不亚于清明节。明《帝京景物略》云："上坟如清明时，或制小袋以往，祭甫讫，辄于墓次掏促织。满袋则喜，秋竿肩之以归。"祭扫墓后，还要抓蟋蟀，真是有趣。清《帝京岁时纪胜》记载："中元祭扫，尤胜清明。绿树阴浓，青禾畅茂，蝉鸣鸟语，兴助人游。"清代的祭扫犹如秋季郊游一般。

一些地方还以七月十五日为"敬孤节"，家家户户除给亡灵烧纸化钱之外，还争相招待孤寡老人，以示敬意。

放河灯

现代著名女作家萧红的《呼兰河传》中描写了东北民间放河灯的情景，既表现了女性作家特有的细腻，又有一丝淡淡的愁绪：

同时那河灯从上流拥拥挤挤，往下浮来了。浮得很慢，又镇静、又稳当，绝对看不出来水里边会有鬼们来捉了它们去。

这灯一下来的时候，金呼呼的，亮通通的，又加上有千万人的观众，这举动实在是不小的。河灯之多，有数不过来的数目，大概是几千百只。两岸上的孩子们，拍手叫绝，跳脚欢迎。大人则都看出了神了，一声不响，陶醉在灯光河色之中。灯光照得河水幽幽地发亮。水上跳跃着天空的月亮。真是人生何世，会有这样好的景况。

一直闹到月亮来到了中天，大昴星、二昴星、三昴星都出齐了的时候，才算渐渐地从繁华的景况，走向了冷静的路去。

河灯从几里路长的上流，流了很久很久才流过来了。再流了很久很久才流过去了。在这过程中，有的流到半路就灭了。有的被冲到了岸边，在岸边生了野草的地方就被挂住了。

还有每当河灯一流到了下流，就有些孩子拿着竿子去抓它，有些渔船也顺手取了一两只。到后来河灯越来越稀疏了。

……

多半的人们，看到了这样的景况，就抬起身来离开了河沿回家去了。于是不但河里冷落，岸上也冷落了起来。

这时再往远处的下流看去，看着，看着，那灯就灭了一个。再看着看着，又灭了一个，还有两个一块灭的。于是就真像被鬼一个一个地托着走了。

中元节
小儿竞把青荷叶

放河灯，又称为放荷灯，是中元夜最有诗意的活动。河灯一般是用彩纸做成的朵朵莲花，底下用半个茄子做托，在中心插上点着的蜡烛，使其漂浮于水面。还有的是用西瓜、南瓜做托，将其中心掏空，当中插上点好的蜡烛，往河里一送，灯自然顺水漂流而下，排成一队"水灯"，随波荡漾，灿若繁星。与河里倒影相映成上下双灯，缓缓移动，蔚为奇观。清代文昭有一首《京师竹枝词》云："绕城秋水河灯满，今夜中元似上元。"清代的京城，中元节时，凡有河渠湖泊之处，皆有放荷灯之举。

明清时，北京地区市面上从七夕后即开始售卖莲花灯，其灯皆是用彩纸莲花瓣组成的各式花篮或鹤、鹭等飞禽动物，种类繁多。

从七月十三至十七日晚上（尤以十五日为最），各家儿童还呼伴结群，执灯游行，"遨游于天街、经坛、灯月之下"。小孩们边游边唱儿歌："莲花莲花灯啊，今儿点了明儿扔啊！"当时谓此举为"斗灯会"。

贫家小孩买不起纸灯，则举一荷叶，中心用竹签插蜡烛，称为"荷叶灯"。也有"一柄荷叶绿盖头"的小孩，将荷叶反扣在头上，再在头顶插上半只小红蜡点着，满街跑着玩。据清《燕京岁时记》载："谨按，《日下旧闻考》，荷叶灯之制，自元明以来即有之，今尚沿其旧也。"

应景戏

每年的七月十五前后，北京各个戏园子要唱"盂兰盆会"的应景戏——《目连救母》。

《目连救母》系明代戏曲作家郑之珍所编，全名为《新编目连救母劝善戏文》，又称《劝善记》。该剧共一百折，分上、中、下三卷。

上卷三十二折，写傅相敬佛济贫，得善报而升天；中卷三十四折，写妇女刘氏不信佛教，得恶报而下地狱；下卷三十四折，写罗卜为救母亲刘氏出离地狱，历尽千辛万苦，最终超度母亲升天。三本既可连演，也可单独演出。

目连救母的故事在民间影响很大，有关它的戏剧一直盛演不衰。清代乾隆年间，宫廷中专门编演了大戏《戏善金科》，演述目连救母的故事。全剧长达二百四十出，需十天才能演完，可谓创目连戏之最。

十月朝节

十月一，送寒衣

十月朝即为古代的新年，又称为"十月朔"。朝字之义与晨相当，也有白昼之义，故十月朝与古代的元旦类似，只是日期不同。十月朝是在农历十月初一日，古代的元旦则是正月初一。依据民间的传说，十月朝是上古新年的遗俗，究竟是哪个朝代的新年，却存在着不同的说法。《荆楚岁时记》载："十月朔日，黍臛，俗谓之秦岁首。"秦始皇统一中国后，改以亥月为岁首，也就是以农历十月为岁首，十月一日就是秦朝的元旦。

不过，现代有些学者认为，秦统一中国的时间只有十余年，即使把西汉太初改历以前的时间也计算在内，也只有一百余年，秦岁首是否有这么大的影响力，值得怀疑。他们认为，十月朝应该是东周时的遗俗。如《礼记·月令》载："是月也，大饮烝。天子乃祈来年于天宗，大割祠于公社及门闾，腊先祖、五祀。劳农以休息之。"这就是周礼中的腊祭。天宗指日月星辰；大割即大杀群牲；腊就是指禽祭也。东周时以十一月为正月，故农历十月为最后

一个月，故周朝的腊日节就在十月，腊祭也都在十月。

《诗经·豳风·七月》记载了十月腊祭的场面："九月肃霜，十月涤场。朋酒斯飨，曰杀羔羊。跻彼公堂，称彼兕觥，万寿无疆。"郑玄指出，这就是歌颂腊日节的诗歌，这一天要在公堂上大摆宴席，杀羊饮酒。可见，十月的腊祭本是一个成熟的节日，只是秦统一六国后，才明确地把十月朝定为岁首而已。

十月朝节
十月一，送寒衣

烧寒衣

农历十月为孟冬。从十月一日开始天气逐渐寒冷起来，正是添置寒衣的时候。中国的儒家文化讲究孝道，因此，古人在考虑为自己添置寒衣的时候，也想为祖先的亡灵添置寒衣。为逝者送衣御寒，也就成了十月寒衣节的缘起。

明刘侗、于奕正《帝京景物略·春场》载："十月朔，纸坊剪纸五色作男女衣，长尺有咫，曰寒衣，奠焚于门，曰送寒衣。"送寒衣实际上就是烧冥衣，因此寒衣节又称为烧衣节，古人用这种方式寄托对祖先的眷念和追思。清顾禄《清嘉录·十月·十月朝》载："月朔，俗称十月朝……人无贫富，皆祀其先，多烧冥衣之属，谓之烧衣节，或延僧道作功德，荐拔新亡，至亲亦往拜灵座，谓之新十月朝。"

明清时期，民间的祭祀活动多不胜举。俗语说："十月一，送寒衣。"这天黄昏，家家都要上坟祭祖，用彩色纸剪糊男女衣、帽、鞋、袜等，小心翼翼地放在箩筐里，端到坟上或十字路口烧化。没有做冥衣的也可以焚化纸钱，说是有了钱在阴间就可以买布购棉花缝制棉衣，所以烧纸钱也是"送寒衣"的一种形式。

有的地方为了方便，改"烧寒衣"为"烧包袱"。人们把许多冥钱封在一个纸袋之中，写上收者和送者的名字以及相应称呼，然后烧掉，这就叫"烧包袱"。人们认为，阳世与阴间可以相通，所以模仿阳世的通邮方式，给死者邮寄冥钱，以购置寒衣。清佚名《燕台口号一百首》云："寒衣好向孟冬烧，门外飞灰到远郊。一串纸钱分送处，九原尚可认封包。"正是这种情景的写照。

暖炉会

古代的十月朝还有"暖炉会"一说。《东京梦华录》载:"十月一日,宰臣已下受衣着锦袄。三日(今五日),士庶皆出城飨坟。禁中车马,出道者院及西京朝陵。宗室车马,亦如寒食节。有司进暖炉炭。民间皆置酒作暖炉会也。"暖炉会就是在十月朝,邀请亲友们聚集于炉旁吃烤肉、饮酒。暖炉会可能源于唐朝,《开元遗事》中就有暖寒会的记载,只是唐朝的暖寒会不一定在十月朔日举行。这种风俗在宋朝比较流行,并且一直到清朝盛行不衰。清人杨静亭《都门杂咏》赞道:"严冬烤肉味堪饕,大酒缸前围一遭。火炙最宜生嗜嫩,雪天争得醉烧刀。"

吃麻羹豆饭

《荆楚岁时记》载:"十月朔日,黍臛,俗谓之秦岁首。"黍是什么东西呢?《荆楚岁时记》中又云:"北人此日设麻羹豆饭,当为其始熟尝新耳。"《祢衡别传》云:"十月朝,黄祖在艨艟上会,设黍臛",是也。

所谓"黍臛"和"麻羹豆饭"就是豆羹。古人在十月朝这天要喝红豆羹,东汉末年的江夏太守黄祖就在战舰上设豆羹招待士卒。直到明朝,民间还于此日吃"豆泥骨朵"。明陆启泓《北京岁华记》载:"十月朔,上冢如中元,祭用豆泥骨朵。"据王仁兴《中国年节食俗》中的看法,豆泥骨朵就是现在的豆沙包子。只是古代在十月朝才吃它,现在却成为四季常备的食品。

按照《荆楚岁时记》中的说法,吃"黍臛"和"麻羹豆饭",其意义是为"始熟尝新"。不过,联系后世以红豆饭祭奠祖先的习俗,"黍臛"的

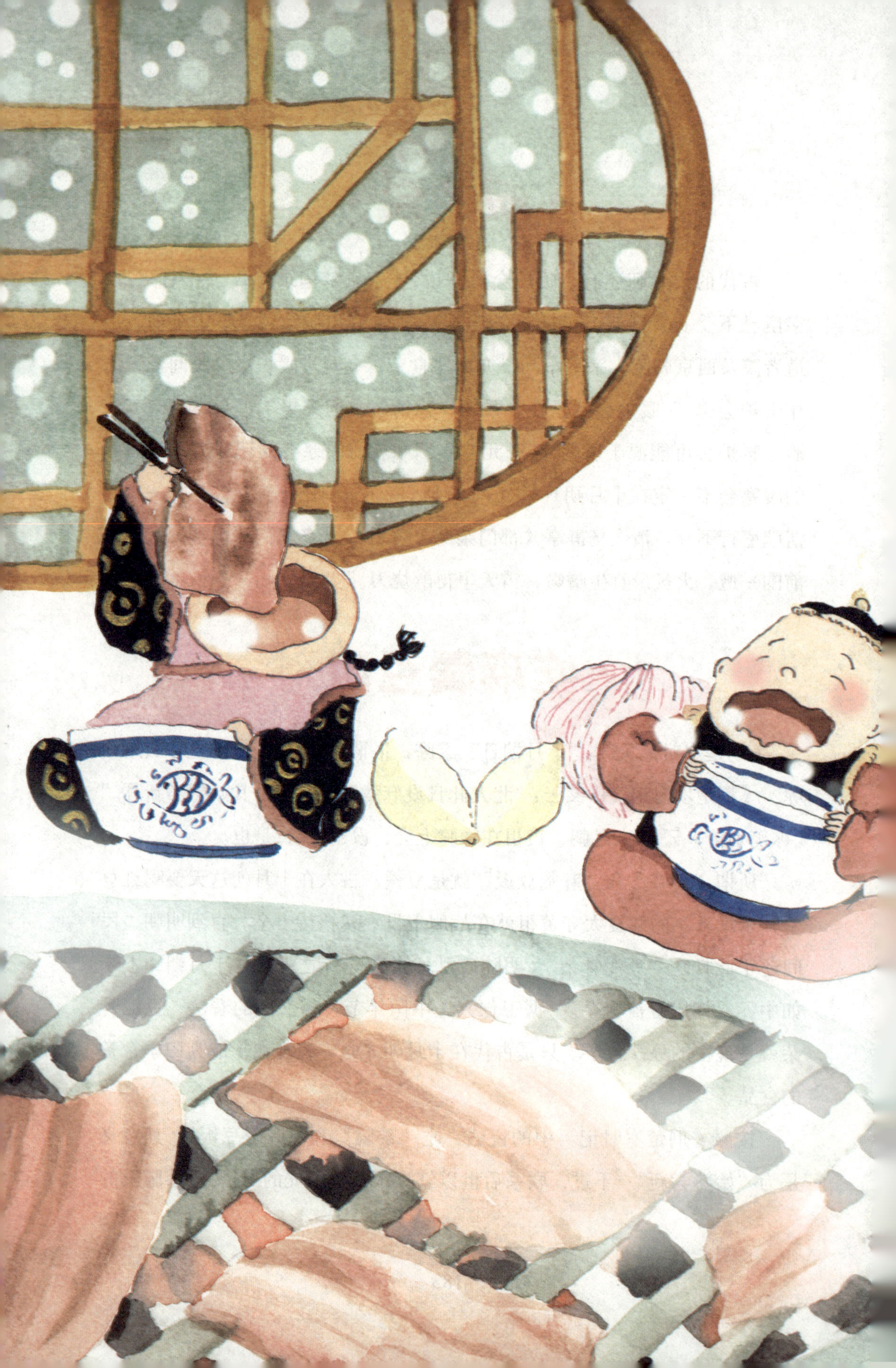

本义可能是出于祭奠祖先。江苏一带还有一个传说：从前有个放牛娃，因不满地主的压迫，起来反抗地主，却被地主砍死，鲜血把撒在地上的米饭染得通红。这一天正是十月初一。此后，穷人在十月初一都要吃红豆饭纪念他。当地还流行一首童谣："十月朝，看牛娃儿往家跑；如若不肯走，地主捆你三犁担子一薄刀。"这个传说，肯定晚于红豆饭为奠的习俗，但它把吃红豆饭与十月初一悼亡联系起来，也许更贴近"黍臞"的本义，同时也否定了"始熟尝新"的解释。

·吃菜粿·

在中国南方，十月又是丰收的季节。广东的梅陇，每年农历十月初一，家家户户都像过年一样，男人外出抓鱼

买猪肉，妇女在家做"菜粿"，大办酒席，款待来自远方的亲戚朋友。这天，村中还演社戏、放电影，举办球赛、猜谜等活动，一派喜气洋洋的气氛，比大年初一还热闹。

梅陇的"菜粿"远近闻名，是一种味道极佳的地方小吃。做法为：用新米磨成粉，在太阳底下晒干，然后用温水搅拌，用手搓揉，做成很有弹性的垛皮。再以芹菜、蒜、瘦猪肉、鱼丝、炒熟的芝麻和花生米为馅，用垛皮包上，上甑蒸熟即成。一般来说，蒸熟便可吃，也有的人讲究一点，蒸后又煎。梅陇的"菜粿"嫩滑喷香，十分可口。

下元节

飞绕人间不夜城

农历十月十五日为中国道教的下元节。其起源与上元节、中元节一样，也是道教"三官""三元"的传说。《太上说玄天大圣真武本传神咒妙经注》卷一《因缘经》载："正月十五日，上元宫主一品九炁赐福天官紫微大帝于是日同下人间，校定罪福也；七月十五日，中元宫中主二品七炁赦罪地官清虚大帝于是日同到人间，校戒罪福也；十月十五日，下元宫主三品五炁解厄水官扶桑大帝于是日同到人间，校戒罪福也。"

下元节是纪念下元水官扶桑大帝的诞辰。水官大帝的职守，侧重于管理水域。《历代神仙通鉴》卷四载："敕下元为五气三品水官，来往洞元风泽之气，晨浩之精，金灵长乐之宫，总主九江、四渎、三河、五海、十二溪真圣神君，每至亥月十五，水官考籍。"水官还负责解厄。《梦粱录》卷六载："十月十五日，水官解厄之日，宫观士庶，设斋建醮，或解厄，或荐亡。"

解厄是什么意思呢？解厄就是解除灾难，我们平常说的厄运就是指遭遇不幸的命运。道教下元日纪念水官大帝，其意是为民间解除灾难，因此，在下元节这天，道教的宫观要设斋建醮、做法事、诵念经文；而民间则要设供桌祭祀祖先，或者到郊外扫墓祭祀。朝廷则有禁屠宰及推迟死刑执行日期的规定。如《宋史·方伎传上·苗守信》载："上言三元日，上元天官，中元地官，下元水官，各主录人之善恶。"推迟死刑的这种规定，也是顺应天意，因为下元水官司解厄之职，即使是朝廷，也不可逆天意而行。

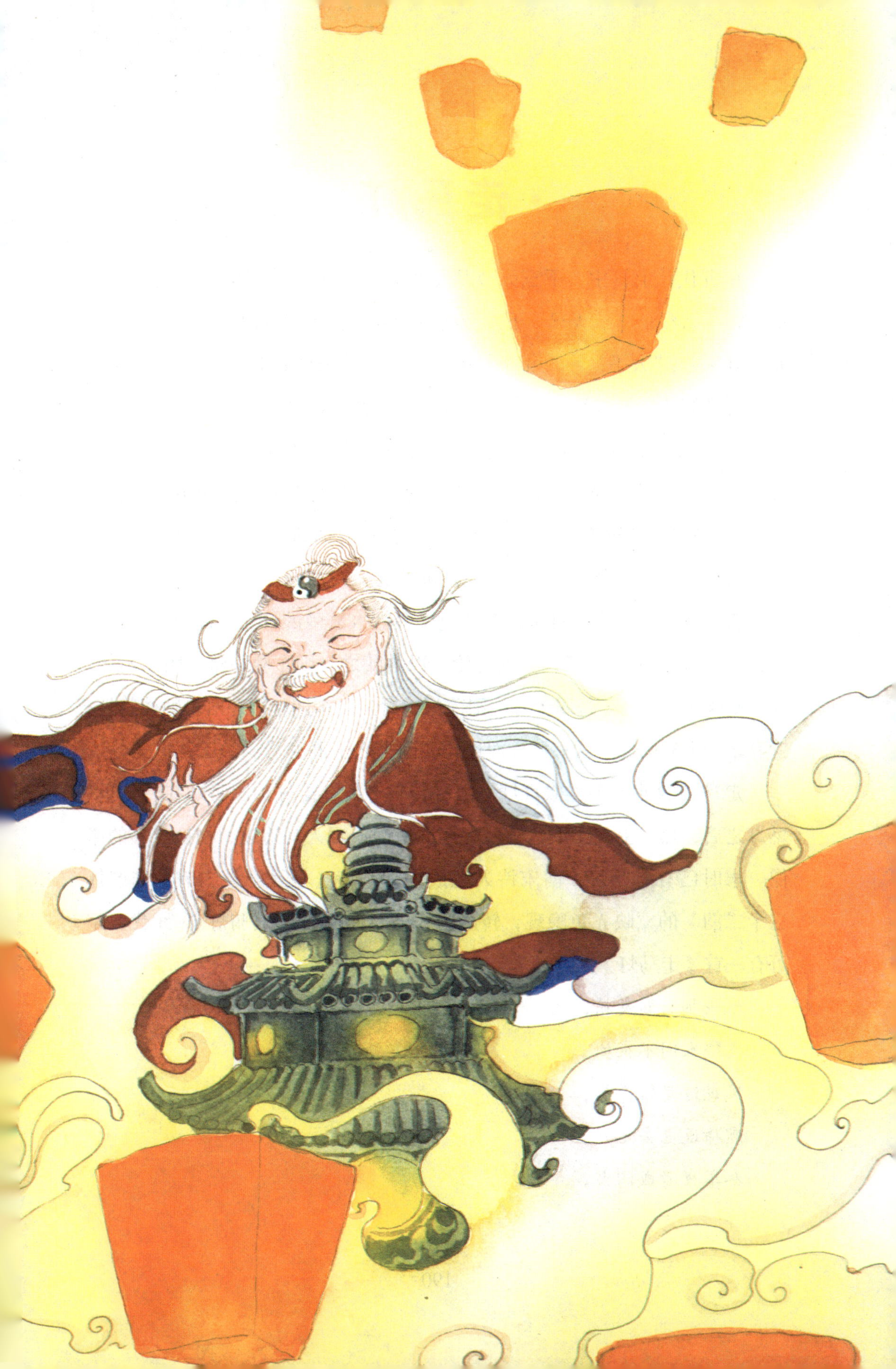

走马灯

在古代，上、中、下三元节都是重要的大节，城市里每逢这些节日都会张灯结彩，以示庆祝。下元节盛行于宋代。宋代洪迈《容斋三笔·上元张灯》载："太平兴国五年十月下元，京城始张灯如上元之日。"可见下元节也是灯节，赏灯活动是节日的大主题。清代的朝廷也热衷于庆祝下元节。《帝京岁时纪胜》载："太液池之阳，有白塔为永安寺。岁之十月廿五日（疑为十五日之误），自山下燃灯至塔顶，灯光罗列，恍如星斗。诸内侍、黄衣喇嘛执经梵唄，吹大法螺，余者左持有柄圆鼓，右执弯槌齐击之，缓急疏密，各有节奏，更余乃休，以祈福也。"

赏灯活动中，走马灯是最有特色又最惹人喜爱的灯。清代的《燕京岁时记》记载："走马灯者，剪纸为轮，以烛嘘之，则车驰马骤，团团不休。烛灭则顿止矣。……每届十月，则前门、后门、东四牌楼、西单牌楼等处，皆有之。携幼而往，欢喜购买而还，亦闲中之乐事也。"

走马灯的外形多类似宫灯，内有转轮，将已绘好的图案贴在转轮上。燃灯之后，热气上熏，纸轮辐转，灯屏上即出现人马追逐、物换景移的影像。宋时已有走马灯，南宋诗人范成大在其诗《上元纪吴中节物俳谐体三十二韵》的"映光鱼隐现，转影骑纵横"原注为："马骑灯。"元代谢宗可有一首《走马灯》：

飙轮拥骑驾炎精，
飞绕人间不夜城。
风鬣追星低弄影，
霜蹄逐电去无声。
秦军夜溃咸阳火，

吴炬宵驰赤壁兵。

更忆雕鞍年少日，

章台踏碎月华明。

走马灯始见于宋人的记载，但起源应该更早。如《淮南子》记载，西汉时已有类似热气球原理的试验。到三国时就有人制成了孔明灯，其原理与走马灯相似，利用热气升腾的原理推动灯往上升。唐代还能制作一种奇异的"仙音烛"："其狀如高层露台，杂宝为之，花鸟皆玲珑。台上安烛，烛点燃，则玲珑者皆动，叮当清妙。烛尽绝响，莫测其理。"这种"仙音烛"也是利用了热气升腾的原理而发出声响，只是设计得更为巧妙。因此，可以推断，早在唐代就已经具有比走马灯更为高明的制灯技艺了。走马灯则是因为制作简易，又充满喜庆气氛，才得以在民间普及。

◆ 祭炉神 ◆

《女聊斋志异》卷一记载了干将、莫邪铸剑的传说：

按《吴地记》，阖闾使干将莫邪铸剑。采五山之精，合五金之英；使童女三百人祭炉神，鼓橐。金银不销，铁汁不下。其妻莫邪曰："铁汁不下，有何计？"干将曰："先师欧冶铸剑，不销，以女人聘炉神，当得之。"莫邪闻语，窜入炉中。铁汁出，遂成二剑。雄号"干将"，作龟文，雌号"莫邪"，鳗文。余铸得三千，并号"干将莫邪"。

可以肯定，以女人祭炉神而得雌雄二剑的说法绝不是事实，这种传说不过是古人将铸剑术神秘化的创造，但这是祭炉神的最早记载。

下元节民间祭炉神的习俗也可能与以上传说有关。此外，民间认为，炉神就是太上老君，因为道教传说太上老君炼九鼎神丹，《西游记》中就记载孙悟空被太上老君封在五行八卦炉中炼了七七四十九天，最后在炼丹

炉中练就一双火眼金睛。中国古代城市手工作坊居多，包括铁匠、铜匠、锡匠、金匠、银匠、补锅匠、盆碗窑匠等。这些匠人干活，多离不开炉子，所以均奉太上老君为祖师爷，祭炉神就成了这些行业的规矩和习俗。清孙嘉淦《重修炉神庵老君殿碑记》称："老君之为炉神，于史传元所考，予尝揆以意，或世传道家丹灶，可铅汞致黄白（金银），故云尔，抑亦别有据耶！吾山右之贾于京者，多业铜、铁、锡、炭诸货。以其有资于炉也，相沿尸祝炉神。"

冬至节

阳生春又来

"诗圣"杜甫有一首《小至》诗:

天时人事日相催,

冬至阳生春又来。

刺绣五纹添弱线,

吹葭六琯动飞灰。

岸容待腊将舒柳,

山意冲寒欲放梅。

云物不殊乡国异，

教儿且覆掌中杯。

杜甫将冬至这一天看成是一阳复生的开始，春天不久就要到来，这天，人们要穿上有刺绣的新衣，还要备酒设宴听音乐。水岸边虽然冬雪将至，但柳树即将泛绿，山中虽然寒冷，但蜡梅含苞待放；大自然生机勃勃，并没有乡国之差别。

古代的冬至不仅是节气，也是一个备受重视的大节。远在周朝，古人以冬至为岁首，也就是以冬至日为一年节气的开始。关于岁首，古人有两种计算方法：一是以新年的第一天，即农历正月初一为岁首；一是以新年的第一个节气为岁首，也就是以立春日为岁首，又称为气首。周朝时曾实行过以冬至所在月为正月，因此冬至日即为岁首。

冬至日正式成为节日，大约是在汉代。班固的《汉书》载："冬至阳气起，君道长，故贺。"汉代人认为，过了冬至日，白昼一天比一天长，阳气升，因此值得庆贺。《后汉书》载："冬至前后，君子安身静体，择吉辰而后省事。"汉代在冬至日还放假，所谓"百官绝事，不听政"，即为放假，政府不办公了。在晋代，冬至日的庆典十分隆重，《晋书》记载："魏晋冬至日受万国及百僚称贺……其仪亚于正旦。"当时的朝廷在冬至日要举行盛大的宴会，皇帝要接受周围的藩国及百官的庆贺，其仪式仅次于正月初一的元旦。

宋代的冬至节最为隆盛。孟元老《东京梦华录》记载："十一月冬至，京师最重此节。虽至贫者，一年之间积累假借，至此日更易新衣，备办饮食，享祀先祖。官放关扑，庆贺往来，一如年节。"冬至日就像过年一样，更换新衣，治酒备宴，祭祀祖先，官员放假，互相登门庆贺，一样都不能少。这一天，皇帝还要到郊外举行祭天大典，要接受百官朝贺，礼仪隆重，俗称"排冬仗"。

祭天与祭祖

古代的帝王都视自己为天子，每逢重大节日，必定要祭天祷告，或祈求年成丰收、国泰民安，或献祭以感谢上天的护佑。冬至这天，历朝的帝王都要举行祭天仪式。《周礼·春官·大司乐》载："冬日至，于地上之圜丘奏之。"圜丘就是高出地面的圆形土丘，今日北京天坛的圜丘则是用汉白玉砌成的圆形平台。宋代的《梦粱录》卷六记载："最是冬至岁节，士庶所重，如馈送节仪，及举杯相庆，祭享宗禋，加于常节……此日宰臣以下，行朝贺礼。士夫庶人，互相为庆。太庙行荐黍之典，朝廷命宰执祀于圜丘。官放公私僦金三日。东驾诣攒官朝享。"宋代的祭天（荐黍之典）在太庙举行，太庙中建圜丘，大概仪式就在圜丘举行。

明太祖洪武十年（1377 年），改变圜丘礼制，定每年孟春正月合祀天地于南郊，建大祀殿，以圜形大屋覆盖祭坛。明成祖迁都北京后，在正阳门南按南京规制营建大祀殿，于永乐十八年（1420 年）建成，合祀天地。嘉靖九年（1530 年），世宗改变天地合祀制度，在大祀殿之南另建圜丘。至此，祭天典礼已发展至最完善时期。

在民间，也有冬至日祭祖的习俗。据《四民月令》记载，冬至日祭祖之礼与元旦相同。古代还流传着冬至节向尊长老人献鞋袜的习俗，其意义在于敬老。现在，台湾地区还保留着冬至用九层糕祭祖的传统。九层糕即用糯米粉捏成鸡、鸭、龟、猪、牛、羊等象征吉祥的动物，然后用蒸笼分层蒸成，用以祭祖，以示不忘老祖宗。而且，同姓同宗的村民于冬至日集体到祖祠中按照长幼之序，一一祭拜祖先。祭典之后，还会大摆宴席，招待前来祭祖的宗亲们。大家开怀畅饮，相互联络久别的感情，称之为"食祖"。

吃馄饨

明清时期，北方民间有"冬至馄饨夏至面"的说法。为什么冬至要吃馄饨呢？宋代陈元靓《岁时广记》有"冬至馄饨年糕"之说，意即馄饨和年糕都是冬至和元旦的食品。清富察敦崇《燕京岁时记》载："夫馄饨之形有如鸡卵，颇似天地混沌之象，故于冬至日食之。"这就是说，冬至吃馄饨，有纪念天地开辟、混沌化出万物之意。这也可能与上古把冬至作为岁首的遗俗有关，因为岁首也有重新开始、万象更新之意。

关于冬至吃馄饨还有一个传说：汉朝时，北方匈奴经常骚扰中原，边境百姓苦不堪言。当时匈奴部落中有浑氏和屯氏两个首领，十分凶残，杀人如麻。百姓恨不得食其肉，于是用肉馅包成角儿，取"浑"与"屯"之音，呼作"馄饨"。以象征食浑氏和屯氏之肉，并求得战乱平息，过上太平日子。大约最初制成馄饨是在冬至这天，于是就形成了冬至家家户户吃馄饨的习俗。

吃馄饨的习俗虽与冬至有关，但后世并不仅仅冬至日吃，而是发展成为一种日常食品。现在，馄饨的制作更为精细，各地都有不同的口味，成为深受人们喜爱的著名小吃。馄饨名号繁多，江浙等大多数地方称之为馄饨，而广东则称云吞，湖北称包面，江西称清汤，四川称抄手，新疆称曲曲。

《九九消寒图》

明刘侗、于奕正《帝京景物略》记载有一首《九九歌》：
一九，二九，相唤不出手；
三九二十七，篱头吹筚篥；

四九三十六，夜眠如露宿；
五九四十五，家家堆盐虎；
六九五十四，口中出暖气；
七九六十三，行人把衣担；
八九七十二，猫狗阴地卧；
九九八十一，穷汉受罪毕；
才要伸脚睡，蚊虫蛴蚤出。

有人认为，上面这首歌是南方人编的，并且认为真正北方人编的，应是下面这首：

一九二九不出手，三九四九冰上走，五九六九沿河看柳，七九河开，八九雁来，九九加一九，耕牛遍地走。

从冬至之日起，即进入了数九寒天，在古代，特别是在北方，百姓为熬过寒冷的冬天，创造了有趣的游戏——《九九消寒图》。消寒图有以下

冬至节
阳生春又来

几种形式：

一为写九。这是从清代开始出现的，首先在宫廷内流行。先选每字九画的九个字，通常连成一诗句，如"亭前垂柳珍重待春风"（按繁体的笔画），又如"春前庭柏风送香盈室"。字的每笔画代表一天，每字代表一个九，九个字代表九九八十一天。然后用双钩空心字体画到一张纸上，冬至后，每过一天，用红笔填实一画。填完一个字就过了一个九，填完九个字，也就数完了九。

一为画九。就是在纸上画一枝素梅，枝上画梅花九朵，每朵梅花九个花瓣，共八十一瓣，代表"数九天"的八十一天，每朵花代表一个"九"，每瓣代表一天。从冬至日开始，每过一天就用颜色染上一瓣，染完九瓣，就过了一个"九"，九朵梅花染完，就数完了"九"。

《九九消寒图》比较形象地记录了气候的变化，又采用游戏的方式消解人们寒冬难熬的心情，因此在民间十分受欢迎。

腊日节

今朝佛粥更相馈

据《左传·僖公五年》记载，鲁僖公五年（公元前655年），晋献公向虞国借道攻打虢国。虞国大夫宫之奇识破了晋国的奸计，劝说虞侯不要借道，并用"唇亡齿寒"来比喻虞国与虢国互相依存的关系，说明晋灭掉了虢国也不会放过虞国。虞侯不听，准许晋使借道。宫之奇见虞侯不听，带领族人离开虞国，并说："虞不腊矣。在此行也，晋不更举矣。"意思是说，虞国举行不了腊祭了，晋国在灭虢国时一定会灭掉虞国。

宫之奇所说的"腊",就是古代在腊日举行的腊祭。由于腊祭活动常在农历十二月举行,故十二月又称腊月,腊祭之日就是后世腊日节的起源。《风俗通义·祀典》载:"礼传曰:夏曰嘉平,殷曰清祀,周曰大蜡。汉改曰腊。"无论"蜡"还是"腊",在古文中都与肉有关,可见腊祭一定是用肉来祭神灵与祖宗,仪式隆重、祭品丰盛,也只有朝廷和帝王才有资格举行。

　　腊日的祭祀活动隆重而热烈,这从孔子与子贡的对话中也可见一斑。《礼记·杂记》载:"子贡观于蜡。孔子曰:赐也乐乎?对曰:一国之人皆若狂,赐未知其乐也。"孔子问子贡看了腊日的活动是否快乐,子贡回答,全国的人就像疯了一样,真不知道人们为什么如此快乐。

　　春秋时代,腊祭的日子并不固定。根据隋杜台卿《玉烛宝典》的记载可知,汉代以冬至后戌日为腊,曹魏以冬至后辰日为腊,两晋则以冬至后丑日为腊。到了南北朝时,腊日始定为十二月初八,如南朝梁宗懔的《荆楚岁时记》有"十二月八日为腊日"的记载,从此遂有"腊八"之名。

　　到宋代以后,腊日节又与佛祖释迦牟尼的成道日联系起来了。佛教自东汉初年传入中国后,佛教信众一直以农历十二月初八为佛祖的成道日。唐宋以后,佛教盛行,每逢佛祖成道日,佛教寺庙都要举行"浴佛会"等庆祝活动,其中最重要的是施粥于民众。传说当年佛祖出家苦修时,在河边饿得昏倒,后喝牧羊女随身带的乳粥后,恢复体力,于是在菩提树下端坐成佛。寺庙中施粥就是为了纪念佛祖的这段传说。后来,寺庙施粥又流传到民间,宋代以后,民间流行腊日喝腊八粥的习俗,腊日节又称为腊八节。南宋诗人陆游有《十二月八日步至西村》诗,明确记载了相互赠送佛粥的民俗:

　　腊月风和意已春,
　　时因散策过吾邻。
　　草烟漠漠柴门里,
　　牛迹重重野水滨。

多病所须唯药物，

差科未动是闲人。

今朝佛粥更相馈，

更觉江村节物新。

腊八粥

腊八节最重要的节俗当然是喝腊八粥。宋吴自牧《梦粱录》卷六载："此月八日，寺院谓之腊八。大刹等寺俱设五味粥，名曰腊八粥。"不仅寺庙设五味粥，朝廷也要于此日赐百官粥。元人孙国敉所作《燕都游览志》载："十二月八日，赐百官粥，以米果杂成之，品多者为胜，此盖循宋时故事。"

朝廷赐百官粥的传统到清代更盛。雍正三年（1725年），雍正皇帝将北京国子监以东的府邸改为

雍和宫。每逢腊八日,在宫内万福阁等处,用锅煮腊八粥,并请来喇嘛诵经,然后将粥分给王公大臣,品尝食用以度节日。《光绪顺天府志》载:"每岁腊月八日,雍和宫熬粥,定制,派大臣监视,盖供上膳焉。"至今,雍和宫前院的西鼓楼旁还有一口直径约二米、深一米半的大铜锅,这就是当年的粥锅。

在民间,腊八煮粥已成普遍的习俗。南宋周密《武林旧事》载:"用胡桃、松子、乳蕈、柿、栗之类作粥,谓之腊八粥。"清富察敦崇《燕京岁时记》里则记载了具体制作方法:"腊八粥者,用黄米、白米、江米、小米、菱角米、栗子、红豇豆、去皮枣泥等,和水煮熟,外用染红桃仁、杏仁、瓜子、花生、榛穰、松子及白糖、红糖、琐琐葡萄,以作点染。"

中国各地的腊八粥品种繁多，各种口味都有。论原料不外乎两类，一是豆米，有黄米、白米、江米、小米、菱角米、红豆、大豆、芸豆、花生等，二是干果，有红枣、莲子、核桃、栗子、杏仁、松仁、桂圆、榛子、葡萄干、白果之类；论口味则有咸有甜，有麻有辣，大部分以甜为主。

比较讲究的人家，要先将果子雕刻成人形、动物、花样，再放在锅中煮。腊八粥熬好之后，要先敬神祭祖，之后要赠送亲友，一定要在中午之前送出去，最后才是全家人食用。

灶王节

灶君朝天欲言事

《后汉书》卷六十二记载了一个神异的故事:

> 宣帝时,阴子方者,至孝有仁恩。腊日晨炊,而灶神形见,子方再拜受庆。家有黄羊,因以祀之。自是以后,暴至巨富。田有七百余顷,舆马仆隶,比于邦君。子方常言'我子孙必将强大',至识三世而遂繁昌,故后常腊日祀灶,而荐黄羊焉。

据传说,阴子方为管仲的后代子孙,因以黄羊祭灶神而致巨富。阴子方的后人阴识、阴兴等均为东汉重臣,封侯者有四人,贵不可言。这种祭灶致富贵的传言,致使民间风行祭灶神,这大概是祭灶神的较早记载。另外,东汉班固《白虎通》卷二也说:"夏祭灶者,火之主,人所以自养也。"这表明祭灶神最早源于汉代。

南北朝时,民间也盛行祭灶神。宗懔《荆楚岁时记》载:"其日(十二月初八),并以豚酒祭灶神。"以小猪肉与酒祭灶神,这又有别于汉代以黄羊祭灶神的习俗。不过,民间祭灶神将日期固定为腊月二十四前后,并形成了丰富多彩的节俗,大约是在宋代。宋周密《乾淳岁时记》载:"二十四日谓之交年。祀灶用花饧米饵,及作糖豆粥,谓之口数。市井迎儺，以锣鼓遍至人家乞求利市。"这里明确祭灶为腊月二十四日。另外，还有南宋诗人范成大的《祭灶词》做证：

古传腊月二十四，

灶君朝天欲言事。

云车风马小留连，

家有杯盘丰典祀。

猪头烂熟双鱼鲜，

豆沙甘松粉饵团。

男儿酌献女儿避，

酹酒烧钱灶君喜。

婢子斗争君莫闻，

猫犬角秽君莫嗔。

送君醉饱登天门，

杓长杓短勿复云，

乞取利市归来分。

范成大的诗除了写明祭灶日为腊月二十四外，还细致地描写了祭灶神的祭品与有关禁忌，这与近代的民间习俗是一致的。

祭灶日期，旧有所谓"官三民四船家五"的说法，也就是官府祭灶神在腊月二十三日，民间在腊月二十四日，水上人家则在腊月二十五日。有些地方祭灶神还分两天进行，二十三日夜"祭荤灶"，用鸡鸭鱼肉等佳肴为供品；二十四日"祭素灶"，供品用水果、瓜子及点心等。无论荤祭还是素祭，都少不了糖瓜一类。旧时农历腊月二十三或二十四，民间送灶神上天，谓之送灶；除夕又迎回灶神，谓之迎灶。

灶神由来

在先秦两汉的典籍中，火神与灶神是合二为一的。《礼记·礼器》载："颛顼氏有子曰黎，为祝融，祀为灶神。"高诱注《淮南子·时则训》说："祝融，颛顼氏后，老童之子吴回也，为高辛氏火正，死为火官之神。"祝融为古帝颛顼的儿子，曾经做过火正官（也就是观察大火星，以确定每年腊月的天文官），所以死后人们祀之为火神。又因为古人与火打交道主要在灶，所以又称之为灶神。

唐代段成式《酉阳杂俎》卷十四则说："灶神姓隗，状如美女。又姓张名单，字子郭。夫人字卿忌，有六女皆名察洽。常以月晦上天，白人罪状。"这时的灶神，不但貌如美女，还喜欢到天上搬弄是非。比较火神的威严，此时的灶神更为民间喜欢，完全是一个民间俗神的形象。

除此之外，民间还流传着一个灶神的故事：相传灶王原来是一个叫张单的富家子弟，曾娶郭丁香为妻。郭氏贤惠又勤俭。后张单又娶李海棠。李氏好吃懒做，不久撺掇张单休了郭氏，而且把张家财产挥霍一空，改嫁他人。张单家境败落，沦为乞丐。一日，张单乞讨到一户人家，主人给了他热汤热饭，才发现施饭者竟是休妻郭氏，张单羞愧难当，碰死灶前。玉皇大帝念张单悔过，便封他为灶神。柳腔戏《张郎休妻》、茂腔戏《火龙记》说的都是灶王爷的这段故事。

送灶

送灶即送灶王爷上天，也就是祭灶。《燕京岁时记》载："民间祭灶惟用南糖、关东糖、糖饼及清水草豆而已。糖者所以祀神也；清水草豆者所以祀神马也。祭毕之后，将神像揭下，与千张、元宝等一并焚之。至除夕接神时，再行供奉。是日鞭炮极多，俗谓之小年下。"

　　灶王爷要上天说人间的是非，为了让他在玉帝面前多说好话，祭灶时自然不能怠慢。祭灶前，首先准备祭品。祭品主要有灶糖（麻糖的一种，但比麻糖黏）、火烧（也就是烧饼）、一小块猪肉、两杯酒，另外，还要准备一些鞭炮和纸钱（冥币）。然后，在堂屋或院中设一张天地桌（八仙桌），将祭品摆上桌，再点几炷香，这样就可以开始祭拜仪式了。

　　一般来说，祭灶神的仪式要每家的男主人主持。主持人要跪在供桌前面，点上纸钱，口中祷告："灶爷爷灶奶奶保佑，菩萨保佑，祖宗保佑，保佑一家人和和睦睦，无事无非，来年风调雨顺，五谷丰登……"接着旁边的人立刻放鞭炮，烧纸钱。等纸钱烧完了，鞭炮也放得差不多了，主持仪式的人先虔诚地磕三个头，接着周围的人也全部跪下磕头。之后再把供桌上的酒洒到地上，把火烧、肉、灶糖都掐掉一点扔到地上，再说些请灶神享受的话。

关于祭灶神的灶糖，鲁迅先生在《送灶日漫笔》中还有一些有趣的描写：

灶君升天的那日，街上还卖着一种糖，有柑子那么大小，在我们那里也有这东西，然而扁的，像一个厚厚的小烙饼。那就是所谓"胶牙饧"了。本意是在请灶君吃了，粘住他的牙，使他不能调嘴学舌，对玉帝说坏话。

送灶神的灶糖专门用麦芽糖制成，不但味道甜蜜，而且黏性很强，是为了让灶王爷的嘴巴甜蜜蜜地专讲好话，又能黏住他的嘴巴而不讲坏话。为了表达这种心愿，还在灶神像的旁边贴上对联："上天言好事，下界保平安。"

送灶多在黄昏入夜时举行。民间还有"男不拜月，女不祭灶"的习俗，禁止女子参与祭灶。到除夕时还要"迎灶"，又称"接灶"，因为相传灶神在除夕时要返回下界，所以家家户户便在除夕时焚香祭灶，换贴一张新的灶神像，寓意迎接灶神。

过小年

民间又称灶王节为过小年。北方地区多在腊月二十三日过小年，从此日开始就进入了过年的状态。如《京都风俗志》记载："十五日以后，市中卖年货者，棋布星罗，如桌几笔墨。人丛作书，则卖春联者；五色新鲜，千张炫目，则卖画幅者；以及芦棚鳞次，摊架相依，则佛花供品，杯盆杵臼。凡祭神日用之物，堆积满道，各处皆然。"

从过小年开始一直到除夕是人们最繁忙的几天，百姓无论贫富都要置办年货，猪牛羊肉、鸡鱼海鲜、青菜作料、水果糕点、衣帽鞋袜、鞭炮香烛、年画春联……一应俱全。各家各户更是忙上忙下，蒸煮烹炸，绞肉做馅，刀板咚咚，香气阵阵。娃娃们则放炮戴花，追逐嬉笑。

点缀渲染节日气氛的行当更是五花八门，丰富多彩。年画棚子售年画；对子摊卖联对、横批、门心、抱柱、斗方、春条、佛对；卖挂钱的，卖元宝的，卖供花的，卖绒花、绢花的，卖松木枝、芝麻秸的，卖灯笼的，卖关东糖的，卖杂拌儿的，卖花炮的……如今，祭灶王的人越来越少了，但过小年吃糖瓜的习俗仍在民间盛行。

扫尘

扫尘，北方叫"扫房"，南方叫"掸尘"，其实就是每年例行一次的大扫除。吴自牧《梦粱录》记载："十二月尽……不论大小家，俱洒扫门间，去尘秽，净庭户……以祈新岁之安。"《清嘉录》卷十二记载得更为详细："腊将残，择宪书宜扫舍宇日，去庭户尘秽。或有在二十三日、二十四日及二十七日者，俗呼'打尘埃'。"蔡云更有诗《吴歈》云："茅舍春回事事欢，屋尘收拾号除残。太平甲子非容易，新历颁来仔细看。"这种大扫除不仅是清洁卫生，而且也有迎新之意，清除一切污秽邪恶之物，迎接新的一年到来，使新年有新气象。

在北京，男人要戴上草帽，披着旧被单，用长把扫帚清扫房顶、墙壁，各个墙角里积存了一年的层层蛛网尘土都要一一清扫干净。女人则包着头巾，把袖子挽到臂弯以上，洗

涤衣物被褥，洗刷盛放食品的筐子、篮子、囤子、盆子等。北京民谣曰："小孩小孩你别馋，过了腊八就是年；腊八粥，喝几天，哩哩啦啦二十三；二十三，糖瓜粘；二十四，扫房子；二十五，炸豆腐；二十六，炖羊肉；二十七，杀公鸡；二十八，把面发；二十九，蒸馒头；三十晚上熬一宿，大年初一扭一扭。"

扫房以后，全家就要开始筹办年货，请香蜡纸码、供品，写春联、剪窗花，买挂钱、年画、鞭炮……准备过年了。